广东省食品药品监督管理局委托项目

农业科技企业的品牌营销策略研究

——基于战略能力和营销绩效的视角

丁宇　李锐　著

图书在版编目（CIP）数据

农业科技企业的品牌营销策略研究 ：基于战略能力和营销绩效的视角 / 丁宇，李锐著. -- 天津 ：天津大学出版社，2017.7

广东省食品药品监督管理局委托项目

ISBN 978-7-5618-5894-3

Ⅰ. ①农… Ⅱ. ①丁… ②李… Ⅲ. ①农业企业－高技术企业－品牌战略－研究－新疆 Ⅳ. ①F327.45

中国版本图书馆CIP数据核字(2017)第173727号

出版发行 天津大学出版社
地　　址 天津市卫津路92号天津大学内（邮编：300072）
电　　话 发行部：022-27403647
网　　址 publish.tju.edu.cn
印　　刷 北京京华虎彩印刷有限公司
经　　销 全国各地新华书店
开　　本 169mm×239mm
印　　张 9.5
字　　数 243千
版　　次 2017年7月第1版
印　　次 2017年7月第1次
定　　价 28.00元

序

农业食品安全问题已经成为世界继和平、绿色和发展后的第四大主题。2015年我国食品工业总产值超 11.34 万亿元，成为全国第一大工业行业。与此同时，国家“十三五”规划明确提出实施食品安全国家战略、推行健康中国建设、增进人民福祉的发展目标，把食品安全纳入“公共安全体系”并作为国家治理体系的重要组成部分。这一制度性安排，意义重大，影响深远。食品安全行业也是中央一号文件连续十年重点涉及的农业产业的重要领域，这一方面说明农业食品安全的重要基础地位,另一方面说明我国农业食品安全发展过程中依然存在诸多问题。自从 2005 年爆发苏丹红事件以来，伴随着一系列食品安全问题的曝光，特别是2008 年的三鹿奶粉三聚氰胺事件，引起了人们对食品安全的关注，再加上近两年曝光的毒豆芽、大头奶、蜡粉条、催长素、地沟油等事件，我国的农业食品安全问题十分严峻。基于此，学者们开始关注与食品安全问题十分相关的农业科技企业的品牌营销的相关研究。在我国当前食品安全、“三农”问题受到广泛关注的情况下，农业科技企业品牌营销的重要性日益凸显。品牌营销策略是农业科技企业推广品牌、扩大影响、提高知名度和美誉的重要工作，其在诸多领域已有广泛应用。农业科技企业的品牌营销策略的成功运用，对于提升消费者对食品安全的知晓率和满意度也有着积极的意义。但是，农业科技企业很好地运用品牌营销还是近些年的事情。现有研究中，研究农业科技企业品牌营销策略的文献相对较少，这凸显了本研究的理论价值和实践意义。

本研究对市场营销理论、品牌营销理论、动态能力、市场导向、企业营销绩效以及农业科技企业的相关研究进行了文献调研。基于上述现实和理论背景，提出如下研究问题：作为具有特殊性的农业科技企业来说，它们的品牌营销策略是否具有某种特殊性？农业科技企业品牌营销策略的关键影响因素有哪些？这些影响因素与品牌营销策略之间的影响作用机理如何？农业科技企业的品牌营销策略与营销绩效之间的关系是否也具有某种特殊性？品牌营销策略对营销绩效的促进作用如何？农业科技企业如何有效地利用品牌营销策略去实现自身利益的最大化并兼顾农业科技企业特殊的社会责任？这些研究问题的回答，将对提升我国农业科技企业的品牌营销研究，深刻影响农业科技企业营销策略的选择，提升农业科技企业的营销绩效具有十分重要的作用。农业科技企业要想在农产品市场上立足，取得广大公众和消费者的信任和认可，就必须加大品牌建设力度，做有灵魂的产品，做有口碑的企业，做有影响力的品牌。因此，本研究旨在深入研究农业科技企业的品牌营销策略，了解其影响因素的作用机理，阐明品牌营销策略的选择能否影响、如何影响农业科技企业的营销绩效，为农业科技企业品牌营销策略的选择提供理论支持，进而提升农业科技企业的营销绩效。

目 录

1 第一章 绪论

1.1 问题的提出

1.1.1 研究背景

现阶段，农业对于我国维护国家稳定、较好较快地发展经济、构建社会主义和谐社会具有十分重要的意义。中央一号文件已经连续十年涉及农业，由此可见农业对于我国的重要意义。

针对我国是农业大国的国情，我国政府提出实施发展现代农业、建设新农村的战略。现代农业发展和新农村建设离不开产业经济的发展和带动，而农业企业尤其是农业科技企业的发展，不仅为农村劳动力转移创造大量的就业岗位，而且通过农产品的深精加工能延长农业的产业链条，增加农业的比较收益，提高农业的现代化水平，从而带动农村经济的繁荣，为农业的发展和新农村建设创造条件。

中央一号文件连续十年涉及农业，这一方面说明农业在我国的重要的基础性地位，另一方面说明我国农业发展过程中依然存在诸多问题。自从 2005 年爆发苏丹红事件以来，伴随着一系列食品安全问题的曝光，特别是 2008 年的三鹿奶粉三聚氰胺事件，引起了人们对食品安全的关注，再加上近几年曝光的毒豆芽、大头奶、蜡粉条、催长素、地沟油等事件，我国的食品安全问题十分严峻。基于此，学者们开始关注与食品安全问题十分相关的农业科技企业的品牌营销的相关研究。我们应该承认，这些广受关注的食品安全问题事件，是少数企业或者个体作坊的独立性行为，还没有演变成大多数食品都有问题、大多数企业参与的全面性问题。在这种形势下，作为农业行业发展的排头兵，农业科技企业应该勇于承担起为整个社会提供安全放心食品的社会责任，同时这也是企业生存发展的基本要求。在这个食品安全鱼目混珠的社会背景下，农业科技企业如何突出重围让公众认可企业产品的安全可靠性？农业科技企业如何有效地利用自身的资源、能力去提升企业产品的公众认可度？农业科技企业如何有效地利用品牌营销策略去实现自身利益的最大化并兼顾农业科技企业特殊的社会责任？这些问题凸显了农业科技企业品牌营销问题研究的迫切性。

农产品市场已经进入了从总量上看供大于求的激烈竞争时代，市场经济发展使得“二流的企业做产品，一流的企业做品牌、做文化”的品牌营销意识已经深刻地影响了农业科技企业的经营理念。农业科技企业要想在农产品市场上立足，取得公众和广大消费者的信任和认可，就必须加大品牌建设力度，做有灵魂的产品，做有口碑的企业，做有影响力的品牌。因此，深入研究农业科技企业的品牌营销策略，了解其影响因素的作用机理，阐明品牌营销策略的选择能否影响、如何影响农业科技企业的营销绩效，为农业科技企业品牌营销策略的选择提供理论支持，进而提升企业的营销绩效，就显得十分必要。

1.1.2 问题的提出

近年来，我国农业科技企业得到了长足的发展，学术界也开展了一些农业科技企业品牌营销方面的研究。但是由于对品牌营销策略系统性认识的局限以及相关理论研究的不足，在我国农业科技企业的品牌营销和品牌管理上还存在着一些问题，主要表现为农业科技企业品牌营销策略缺乏具体而有效的理论指导。这是农业科技企业在品牌营销策略选择当中存在的突出问题。营销没有创新，“拿来主义”的做法对企业品牌营销和品牌管理的限制较大。企业传统而大众化的营销手段大行其道的结果是消费者的满意度难以得到有效提高，公众对企业产品安全可靠性的认可度难以得到有效提高。

导致以上问题的原因是多方面的。在这个竞争十分激烈而又具有开放式商业模式形态的时代，企业品牌营销已经不再仅仅是营销部门的活动，而是演变成企业资源能力、市场导向等方面的整体竞争。企业在这种变化了的企业品牌营销过程中，对农业科技企业品牌营销策略及其影响因素的认识不够深入，对品牌营销策略的选择如何影响企业营销绩效的路径和机理认识不够深入，是导致以上问题的根本原因所在。

目前，国外对农业科技企业品牌营销策略的研究已经有所涉及，而国内学术界目前在这方面的研究还显得薄弱。从现有的文献来看，研究企业品牌营销策略的文献十分稀缺，更不用说是农业科技企业了，但是单方面研究企业营销、品牌等的文献则较多。这为本研究既提供了研究的理论基础又提供了广阔的研究空间。但是现有研究成果并不能为企业了解品牌营销策略的影响因素以及品牌营销策略与营销绩效的关系提供更多支持。至少下列问题目前还没有找到明确的答案。

作为具有特殊性的农业科技企业，它们的品牌营销策略是否具有某种特殊性？农业科技企业品牌营销策略的关键影响因素有哪些？这些影响因素与品牌营销策略之间的影响作用机理如何？农业科技企业的品牌营销策略与营销绩效之间的关系是否也具有某种特殊性？品牌营销策略对营销绩效的促进作用如何？农业科技企业如何有效地利用品牌营销策略去实现自身利益的最大化并兼顾农业科技企业特殊的社会责任？

要回答这些问题，就必须深入了解农业科技企业品牌营销策略的影响因素以及这些因素影响品牌营销策略的机理。深入了解品牌营销策略的选择影响企业营销绩效的路径和机理，这样做不但能从理论上揭示品牌营销策略的影响因素以及品牌营销策略与营销绩效的关系，而且能够为农业科技企业品牌营销策略的选择提供操作性强的管理启示。

因此，本研究试图对农业科技企业品牌营销策略进行深入研究，以期取得一定的成果，并为我国农业科技企业品牌营销策略的选择提供一定的管理启示。

1.2 研究目的和意义

1.2.1 研究目的

本研究将在文献调研的基础上，致力于研究农业科技企业品牌营销策略的动态能力、市场导向等影响因素，以及这些因素影响品牌营销策略的机理；致力于研究农业科技企业品牌营销策略的选择影响企业营销绩效的路径和机理，为农业科技企业品牌营销策略的研究建立一个基本的分析框架，为农业科技企业品牌营销实践提供理论基础和有针对性的支持。具体来说，本研究的研究目标是：

(1)构建农业科技企业品牌营销策略分析基础之上的农业科技企业品牌营销策略影响因素理论模型；

(2)分析吸收能力变量在农业科技企业品牌营销策略影响因素理论模型中的中介作用；

(3) 构建农业科技企业品牌营销策略与营销绩效的理论模型并进行实证检验；

(4)为农业科技企业选择品牌营销策略进而提升营销绩效提出针对性强的管理启示，以指导企业采取适合的品牌营销策略，进而取得优秀的营销绩效。

1.2.2 研究意义

本研究以我国农业科技企业为调查对象，研究农业科技企业的品牌营销策略，既具有十分重要的学术价值，又具有很强的现实针对性。

1、理论意义

(1) 全面系统地分析农业科技企业品牌营销策略，为学术界进行相关的研究做出基础性的贡献。

(2) 根据农业科技企业的特点引入企业吸收能力的概念，构建战略能力视角下的战略能力与农业科技企业品牌营销策略的理论模型，进而构建农业科技企业品牌营销策略与营销绩效的理论模型，为品牌营销理论做出一定的理论贡献，更贴近企业所面临的复杂的内外部营销环境。

(3)通过相关模型的构建以及量表的开发,在战略能力和营销绩效的视角下,对农业科技企业品牌营销策略进行深入研究，这有助于学者们的进一步研究，而且对我国农业科技企业的品牌营销具有重要的指导意义。

2. 现实意义

本研究的结论可为农业科技企业的品牌营销提供建设性、操作性强的理论支撑与管理启示。

1.3 论文拟解决的关键问题

1.3.1 农业科技企业品牌营销策略分析

现有研究对农业科技企业品牌营销策略的分析比较少见，而且一般都不全面具体。本研究以农业科技企业的特征为基础，全面具体系统地对农业科技企业品牌营销策略进行分析，以便为本研究构建农业科技企业品牌营销策略影响因素理论模型奠定基础。

1.3.2 农业科技企业品牌营销策略影响因素理论模型

现有文献对这个方面的研究比较薄弱。本研究基于农业科技企业的战略能力和营销绩效的视角，对企业动态能力、市场导向、品牌营销策略进行深入分析，结合农业科技企业吸收能力的概念，再根据具有代表性的案例分析结果和相关理论的指导进行逻辑演绎和理论推断，从而构建农业科技企业品牌营销策略影响因素理论模型（战略能力视角下企业动态能力和市场导向与品牌营销策略的理论模型），并且在此基础上，构建吸收能力的中介作用检验模型，并根据构建的理论模型提出相应的研究假设，为后面的实证研究做好准备。

1.3.3 农业科技企业品牌营销策略与营销绩效的理论模型构建

现有文献在这个方面的研究有所涉及，但是全面系统的相关研究仍然比较缺乏。本研究在农业科技企业品牌营销策略影响因素理论模型的基础上，结合相对成熟的绩效衡量指标体系开发农业科技企业品牌营销绩效的衡量指标体系，构建农业科技企业品牌营销策略与营销绩效的理论模型，从而在战略能力视角下衡量农业科技企业品牌营销策略对于营销绩效的效果。这部分也是提出相关的理论模型与研究假设，以供实证检验。

1.3.4 相关研究量表的开发

在现有文献中，农业科技企业品牌营销策略、品牌营销策略影响因素以及营销绩效的相关研究基本上是思辨性质的或者是基于二手数据的研究，很少有研究是通过开发量表收集一手数据来进行实证研究的。本研究将开发相关构念的测量量表，通过问卷调查对理论模型与研究假设进行实证研究。本研究对于相关构念的量表开发的路径：一是在已有的成熟量表的基础上，根据本研究的实际情况进行修正，二是根据相关构念的影响因素自行开发。

1.3.5 农业科技企业品牌营销策略的管理启示

本研究将根据研究结论对农业科技企业的品牌营销策略给出有价值的和指导性的管理启示。

1.4 研究内容和研究方法

1.4.1 研究内容

本研究各章节主要研究内容安排如下。

第 1 章，绪论。首先明确在我国进行农业科技企业品牌营销策略研究的必要性和紧迫性的研究背景，阐述本研究的研究问题、研究目的和意义。同时，阐述本研究的具体研究思路和方法以及研究内容结构安排。最后提出本研究拟定的可能的创新点。

第 2 章，国内外相关研究现状及述评。主要针对市场营销理论、品牌营销策略、品牌营销策略影响因素研究、农业科技企业相关研究、企业营销绩效等相关文献进行梳理和评述。

第 3 章，农业科技企业的特征与品牌营销分析。在文献调研的基础上，阐述农业科技企业的定义与特征、农业科技企业品牌营销的现状、农业科技企业品牌营销的作用，重点分析农业科技企业品牌营销的影响因素，为后续研究构建理论模型与实证分析奠定基础。

第 4 章，构建农业科技企业品牌营销策略影响因素理论模型。首先深入阐述农业科技企业品牌营销策略的影响因素，论述农业科技企业的品牌营销策略；其次探讨农业科技企业品牌营销策略影响因素对品牌营销策略的影响作用，并构建农业科技企业品牌营销策略影响因素理论模型，同时开发相关构念的测量指标。

第 5 章，构建农业科技企业品牌营销策略与营销绩效的理论模型。首先阐述企业营销绩效及其考核方法，在此基础上阐述农业科技企业品牌营销策略对营销绩效的影响机理。基于影响机理的分析，提出农业科技企业品牌营销策略与营销绩效的理论模型，并依据构建的理论模型提出相关假设。最后根据模型实证的需要开发衡量营销绩效的测量指标。

第 6 章，实证研究。首先介绍研究方法和实证分析方法，其次结合具有代表性的典型案例对第 4 章、第 5 章构建的理论模型进行检验性分析。在案例分析的基础上，采用大样本问卷调查的方式，通过数据分析对第 4 章、第 5 章构建的理论模型进行大样本实证分析，以期清晰地了解农业科技企业品牌营销策略影响因素、品牌营销策略、营销绩效之间的关系。

第 7 章，农业科技企业品牌营销策略的管理启示。依据第 4 章、第 5 章、第 6 章的研究结果，有针对性地提出提升农业科技企业品牌营销策略水平的管理启示，以及有针对性地提出提升农业科技企业营销策略的应用，进而提升企业的营销绩效的管理启示。

第 8 章，结论与展望。对本研究得出的结论进行概括，并提出研究展望。

1.4.2 研究方法

本研究是在一定的研究基础上进行的探索性研究，为了更科学、更系统、更有效地研究农业科技企业品牌营销策略，本研究计划分别采用文献调研、案例分析与探索性深度访谈的方法，同时结合观察法和头脑风暴法，提出初步的研究模型与理论推断，再用有代表性的案例分析和问卷调查实证的方法来检验、修正研究模型与理论推断，最后基于研究结论给出管理启示。具体方法如下。

1.4.3.1 文献调研

通过收集、分析、综述本研究相关领域的国内外重要的学术文献，从而掌握本研究相关领域的最新研究动态，以便借鉴学者们的研究思路和方法等，以提炼本研究的研究问题与目标。文献调研方法是本研究获取研究思路以及研究模型的重要途径。

1.4.3.2 观察法和头脑风暴法

观察法和头脑风暴法主要用于本研究研究思路的早期形成、发展以及关键研究问题的解决。特别是在论文构思阶段，用观察法产生初步的理论假设和推断，再围绕关键问题利用头脑风暴法形成完整的研究假设和具体思路，头脑风暴法的组成成员包括导师、同门的师兄弟以及同学、同事等人员。观察法和头脑风暴法对于本研究具有非常重要的意义。

1.4.3.3 案例调查研究

在本研究的思路初步形成时，先通过有代表性的案例研究，分析农业科技企业品牌营销策略的主要特点和主要影响因素以及品牌营销策略与营销绩效的初步关系。

1.4.3.4 深度访谈

在论文的构思与写作过程中，本研究会选择有代表性的农业科技企业的中高层管理人员、营销人员等相关人员进行访谈，以便解决论文写作中遇到的问题。

1.4.3.5 问卷调查与计量分析

本研究主要采用问卷调查和访谈方式获取数据并进行 Pearson 相关分析、因子分析、路径分析等多种量化分析，通过文献调研与案例调查研究提出理论推断和研究假设，在正式大样本问卷调查之前，我们先进行小范围预调查，了解问卷中的问题并修改完善量表。

1.5 研究技术路线及创新点

1.5.1 技术路线

本研究根据研究的目的和任务，以农业科技企业品牌营销策略为研究对象，在文献调研的基础上构建农业科技企业品牌营销策略影响因素理论模型和农业科技企业品牌营销策略与营销绩效的理论模型，并开发相关概念的测量量表，通过问卷调查对理论模型与研究假设进行实证研究，揭示农业科技企业品牌营销策略影响因素、品牌营销策略、营销绩效之间的关系。基于上述思路，本研究将研究过程分为以下几个主要步骤：第一，在文献调研的基础上，阐述本研究的研究背景，提出研究的问题、研究目的和研究意义，确定研究方法和思路，明确本研究拟解决的关键问题；第二，在深度访谈与案例研究的基础上，分析农业科技企业品牌营销策略及其影响因素；第三，结合上述研究，构建农业科技企业品牌营销策略影响因素的理论模型；第四，构建农业科技企业品牌营销策略与营销绩效的理论模型，以便进行实证研究；最后，提出农业科技企业品牌营销策略的管理启示，并给出本研究的研究结论以及未来研究的展望。本研究的技术路线与方法如图 1-1 所示。

1.5.2 创新点

本论文的可能创新点主要体现在以下几个方面：

(1)在全面具体系统地分析农业科技企业品牌营销策略及其影响因素的基础上，构建农业科技企业品牌营销策略影响因素理论模型，并以此模型为基础，考察农业科技企业吸收能力在农业科技企业品牌营销策略影响因素理论模型中的中介作用；

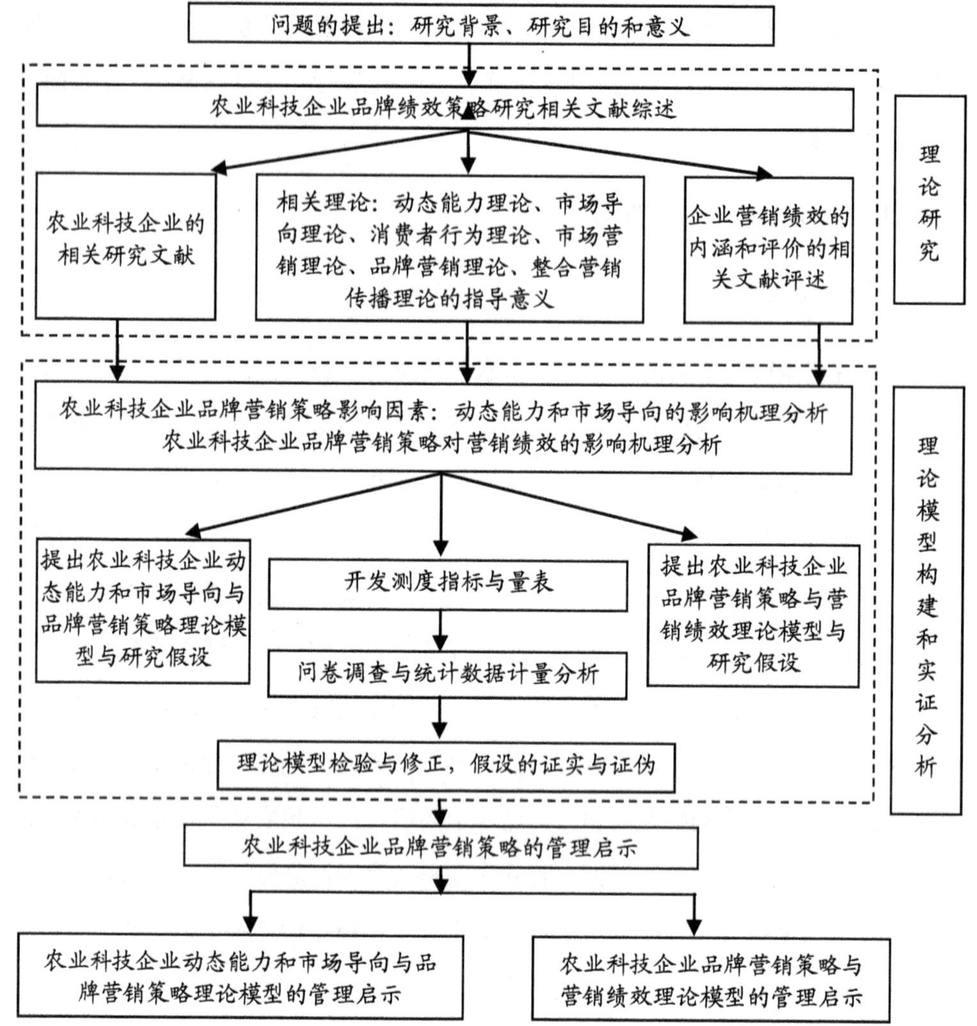

图 1-1 研究的技术路线与方法

（2）构建农业科技企业品牌营销策略与营销绩效理论模型；

（3） 通过开发量表进行大样本调查，获取一手数据对理论模型进行实证检验，为进一步研究农业科技企业的品牌营销策略奠定基础。

2 第二章 国内外相关研究现状及述评

2.1 市场营销理论及品牌营销策略

2.1.1 市场营销理论及其最新进展

2.1.1.1 消费者行为理论的指导意义

消费者行为理论从管理学的视角来说主要是研究消费者为了满足自身的需要和欲望，从而选择、购买、使用产品或者服务的过程中所反映出来的与消费者相关的活动。从消费者行为理论的相关含义的阐述中，我们可以明确，消费者行为是一个持续的过程，这个过程伴随消费者从对产品或服务的需要到消费者使用后的感受、评价等，从这个角度来说，企业的营销活动需要持续不断地关注消费者行为，这说明本研究的品牌营销策略要关注消费者行为的整个过程，而不是仅仅关注购买的这个过程。从整体上来看，消费者行为主要由三个关键阶段构成：购买前、购买中、购买后。这三个阶段对企业品牌营销的影响具有一定的差异。如购买前企业主要是用适合的方式刺激消费者的需求，购买中企业需要对消费者的购买决策进行适当的影响，购买后企业主要是影响消费者对产品或者服务的满意度，从而让消费者继续购买企业的相关产品或服务，消费者也可能将自身的满意度传递给他人，这也将提升企业的营销效果；另外，一些消费者行为前沿研究（许晓勇等，2003）认为，消费者品牌偏好的形成是一个复杂的过程，不能单一地依据某一种理论进行解释，最常用来解释消费者品牌偏好的形成的是 Ajzen 提出的期望—价值理论的“多重属性模型”和“品牌意向说”，但这两个模型都只是强调效用和功能相关的属性，忽略了消费偏好形成的许多价值观念层面的内容。胡旭初、孟丽君（2004）通过对近几年国外研究新进展的分析，总结了顾客价值的不同定义、理论模型及其动态性的相关研究，指出了顾客价值动态性的特点。种种研究表明，消费者行为是一个复杂、综合、动态的过程。

基于消费者行为的复杂性，学者们构建了一系列的研究消费者行为的模式，比如消费者购买行为模式、消费者行为的“刺激—反应”模式、消费者行为的综合模式等。根据本研究的特点，消费者行为的综合模式特别适合。消费者行为的综合模式主要认为社会因素、经济因素、文化因素、心理因素、生理因素以及营销因素会刺激消费者，该模式将消费者视为黑箱，通过外部与自身的刺激，消费者对黑箱的运作就会产生反应，即发生购买行为，但是消费者购买行为本身具有相当多的类型，比如复杂型、减少失调型、习惯型、寻求多样型等，其中消费者购买行为的复杂型主要包括认知需要、收集信息、评价产品、购买决策以及购后行为等整个过程。李通屏（2004）则提出对于处在经济转轨时期的中国，在不确定的消费环境下，消费者将采取更为谨慎的消费行为，消费者行为呈现出显著的不确定特征，这也对企业的市场营销活动提出了新的挑战。

消费者行为的综合模式和复杂、动态、不确定性不仅给本研究提供了理论启示，同时也给本研究带来了广阔的研究空间。从消费者行为的综合模式来看，农业科技企业的品牌营销是一个系统性与持续性的过程，并且需要企业提供全方位、持续性的资源能力等方面的支持。

从以上分析可知，消费者行为理论对企业的营销活动，特别是品牌营销策略，具有非常重要的指导作用，该理论对本研究的指导意义具体体现在：农业科技企业品牌营销策略需要以消费者行为理论为基础，即以企业的动态能力和市场导向为支撑，从而让企业的品牌营销策略既能得到企业动态能力和市场导向的保障，又能引起消费者的共鸣，以实现企业优秀的绩效。这说明本研究可以构建动态能力和市场导向与品牌营销策略关系的理论模型，从而探究它们之间的作用机理。

2.1.1.2 市场营销理论的指导意义

继市场营销的 4P、6P 理论之后，美国学者劳特朋（Lauteerborn）在 20 世纪 90 年代提出了 4C 的营销理论，即消费者需要和欲望、成本、便利以及沟通。4C 理论融入了市场导向的元素，是以消费者为基础的市场营销理论，它强调潜在消费者和为消费者创造价值，4C 理论相对于 4P 或 6P 理论来说，具有非常大的进步，将市场营销的视角从企业方面转向消费者方面。随后在此基础上，学者们基于消费者的视角提出了服务营销、差异化营销等多种营销理论，但是这些理论仍然属于 4C 市场营销理论的范畴之内。从上述市场营销理论的内涵与发展过程来看，现阶段的市场营销理论主要是以消费者为第一要务，围绕消费者进行相关内容的拓展，这对于农业科技企业品牌营销策略的研究具有十分重要的指导意义。不论是 4C 营销理论，或是由 4C 营销理论延伸出来的服务营销、差异化营销，对于企业挖掘消费者潜能，为消费者创造价值，提升企业的品牌营销绩效，都具有现实的指导价值。

在竞争日趋激烈的环境中，企业市场营销的内在结构处在不断的变化之中，市场营销理论如何在创新市场营销体系中运用，成为新的研究课题（齐欣，赵良久，2010）。赵佳伟（2010）指出，企业要在竞争中立于不败之地，必须以全新的市场营销理论为基础，制定出正确的营销策略，通过对市场营销理论的职能分析，提出全新的市场营销的发展理念，为企业在市场营销中解决问题。叶立润（2009）认为，市场营销组合理论的发展经历了四个阶段：4P 理论—4C 理论—4R 理论—4V 理论，当今市场营销理论的发展已进入企业设计时代，企业只有创新适合自身实际的营销理念，才能在市场环境的不断变化中取得胜利。冠一指出，当前面对日益激烈的市场竞争和消费者需求的日趋多元化，企业应奉行什么样的营销思想，成为企业界和理论界争论的焦点。

因此，本研究提出的市场导向很好地切合了前沿市场营销理论的研究，能够较好地影响农业科技企业的品牌营销策略，进而影响企业的绩效。从市场营销理论的角度看，本研究的研究思路前后呼应，相互衔接，具有十分重要的理论价值和现实指导意义。

由此，市场营销理论对于本研究的指导意义主要体现在：市场营销理论直接对农业科技企业品牌营销策略的构建提供理论依据和理论启示，同时也佐证了企业市场导向的重要价值。市场营销理论在本研究中具有基础性的理论地位，对本研究的理论构思、模型构建、研究路径都具有方向性的指引作用。

2.1.1.3 整合营销传播理论的指导意义

整合营销传播理论（Integrated Marketing Communication，IMC）自 20 世纪 80 年代萌芽以来，受到了学者们和实战派的广泛关注，整合营销传播理论也因而得到了快速的发展。作为一种实战操作性很强的营销理论，整合营销传播理论的内涵基于不同的背景存在着不同视角的阐述。如 1989 年美国广告代理协会的定义是：整合营销传播是关于营销传播计划的概念，完整、渗透力强的传播计划具有较高的附加价值。完整的营销传播计划需要评估不同的传播渠道，如广告、直销、促销与公共关系等，并在营销中进行战略整合，从而为消费者提供清晰一致的信息，以实现营销的最大效益。这个关于整合营销传播的定义得到了学术界和实战派的肯定，并被广泛传播和应用。1993 年，美国西北大学舒尔茨博士等也提出了整合营销传播的定义，他们认为：整合营销传播是将企业的产品或服务的相关信息源泉进行管理的过程，以让企业的顾客和潜在的消费者获取清晰一致的信息，并激发他们的购买行为，且增加和维持消费者忠诚度。从以上关于整合营销传播的定义可以看出，整合营销传播的内涵主要包括以下三个方面：传播是营销的核心、消费者是营销的中心、整合是营销的重心。根据企业应用整合营销传播理论的程度差异，学者们将整合营销传播分为四个层次，从低到高依次是战术调整、重构营销传播的范围、信息技术的应用以及战略与财务的整合。从上述关于整合营销传播理论的分析可知，企业应用整合营销传播是一个系统化的工程，需要整合营销、战略、财务、技术等方面的资源，这为农业科技企业的动态能力和市场导向与品牌营销策略的关系研究提供了理论支撑。

综上所述，整合营销传播理论对于本研究的指导意义主要在于：农业科技企业的动态能力和市场导向对农业科技企业的品牌营销构成了很重要的支撑力量，农业科技企业的动态能力和市场导向能够影响农业科技企业品牌营销的整合范围和整合程度，从而影响农业科技企业品牌营销策略的选择和实践的效果。总之，整合营销传播理论对于本研究的整体理论框架的构建，特别是农业科技企业动态能力和市场导向对其品牌营销策略的影响机制具有非常重要的理论指导价值。

2.1.2 品牌营销策略的相关研究

2.1.2.1 品牌的内涵

科特勒（2001）在《营销管理》中对品牌的定义是："品牌是卖方或卖方群体提供的实物产品或服务的名称、标记、图案，或这些因素的组合等，是用来与其竞争者相互区别的东西。" 科特勒（2001）认为一个品牌可以向消费者传递以下信息：产品或服务的属性；带给消费者的利益，包含功能利益与情感利益；产品或者服务所具有的独特价值；产品或服务所代表的独特文化；产品或服务所呈现出来的独特个性；产品或服务的消费者类别。由于一般的品牌都具有竞争属性，所以一个品牌的独特价值、个性、文化等保证了品牌的长期稳定性，也是品牌营销和传播的基础。科特勒（2001）也认为品牌与产品、服务一样，都具有生命周期，都会经历产生、发展、成长、成熟和消退的过程，同时，他也认可一些品牌能够经久不衰，如可口可乐、宝洁等。品牌在消费者心中会呈现出不同的感知效果，从低到高，我们可以总结为不知道品牌、品牌知晓度、品牌接受度、品牌偏好度、品牌忠诚度等。

凯文·.莱恩·凯勒（2003）认为品牌的内涵主要涉及品牌名称、符号、字符、网址、口号、音乐、标志、封装、代言人、标牌。这些相关信息的组合是构建品牌的关键。品牌是企业向顾客长期提供的一系列具有独特特点、利益的产品和服务，卓越的品牌能够向消费者传递产品卓越质量的信息。凯文·莱恩·凯勒（2003）认为品牌是一种有价值的、需要认真经营的无形资产。企业营销可以通过品牌传播和顾客特许经营等方式，使企业的产品品牌具有独特的价值、个性、文化等，从而让企业获益。

余明阳、杨芳平（2005）整合一代广告大师大卫·奥格威（David Ogilvy）对于品牌的定义：品牌是一系列复杂符号的组合，它是产品或服务属性、价格、包装、名称、声誉、广告风格、历史等一系列无形符号的组合。品牌形象的观点是奥格威于20世纪60年代提出的创意观念。品牌形象的观点是广告创意策略理论中的一个重要学派。品牌形象的策略理论指导出大量卓越的、成功的广告。奥格威认为品牌形象不是产品或服务固有的属性，而是与消费者相关的产品或服务的质量、价格、历史等形成的印象，从而说明广告都是对品牌的长期投资。品牌、产品或服务发展的结果就是给消费者形成一个形象。企业可以通过不同的推广策略将定位的形象传播给消费者或者潜在的消费者。从而让消费者感知到他们购买的不仅仅是产品或服务，还获得了与产品或服务相关的承诺和心理的利益。

王连森（2004）认为品牌是企业的表达、名称与标志以及企业的产品或服务三位一体的产业。黄静（2008）认为品牌属性、品牌价值、品牌利益、品牌个性、品牌文化及品牌使用者这六种要素共同构成品牌的内涵。黄嘉涛、胡劲（2005）从整体的视角对品牌内涵进行阐述，认为品牌是包括企业、消费者以及时间三个维度在内的动态信息载体。

综上所述，本研究认为品牌是由企业的内在资源能力和市场导向决定的产品或服务的属性在消费者群体中形成的整体和系统的形象。

2.1.2.2 品牌营销策略与绩效

学者们现在越来越关注企业的市场营销资源和企业财务绩效的关系（Rust et al. 2004）。现阶段已经出现了大量的理论模型和实证研究的成果，这说明了企业的市场营销，特别是品牌，和企业维持竞争优势的关系（Madden，Fehle，Fournier 2006；Rao，Agarwal，Dahlhoff，2004）。品牌是企业重要的无形资产，并且对企业的绩效产生十分显著的贡献，这个观念已经被学者们广为接受（Ailawadi，Lehmann，Neslin，2001；Capron，Hulland，1999）。对于一些大型的龙头企业来说，它们已经在实践品牌相关的策略，在市场上实行品牌组合，并且从战略决策的高度管理无形的品牌组合资产（Aaker，2004）。但是企业品牌策略，特别是组合策略，对于企业绩效的影响还有待于实证研究的验证（Anand，Shachar，2004；Carlotti，Coe，Perry，2004；Kumar，2003）。现阶段，只有极少数学者的研究在这个方面有所涉及，比如，Bordley（2003）认为企业实行一系列品牌的策略相对于渠道数量来说具有更大市场力量，并且能够提高竞争者进入市场的门槛。Steenkamp，Batra 和 Alden（2003）认为营销品牌通过不同的营销渠道能够获得规模经济和范围经济的收益。Kumar（2003）认为企业实行品牌组合战略应该是在品牌具有互补性的情况下，而且还需要在消费者心目中构建差异化的品牌定位，从而获取更大的广告和管理协同效应。Morgan 和 Rego（2009）认为品牌组合策略主要涉及三个方面的内容：范围，主要涉及企业拥有品牌的数量、市场营销以及执行市场品牌策略的部门数量；竞争，主要涉及企业自身的品牌组合，其组合中品牌相互竞争的程度，比如定位的相似性、目标消费者的相似性等；定位，主要涉及企业品牌组合中各品牌在消费者心目中的质量、价格等方面的内容。Park et al.（2010）认为企业品牌相关的附属信息能够对消费者的品牌态度产生十分重要的影响效应。

2.1.2.3 国内关于品牌营销策略的文献

赵维（2010）认为品牌营销对企业具有十分重要的作用，但是国内大多数企业对品牌营销策略的关注不够，针对国内的现状，他通过理论和案例研究提出企业需要在品牌定位、品牌传播、品牌管理等方面有更多的关注。

施俊（2010）从汽车企业市场营销策略的角度，基于对汽车行业企业市场营销的多方面分析，提出了企业应该如何确定营销策略，即营销策略和目标的可实施性、资源分配的合理性、企业内外部的营销传播环境、传播策略和方案等。

李文福（2010）通过分析新疆果品的品牌营销现状，提出其存在的问题和挑战，在此基础上，对新疆果品品牌营销的环境进行 SWOT 分析，并结合品牌、品牌营销等相关理论，提出了新疆果品品牌营销策略。

通过以上对企业品牌、品牌营销、品牌营销策略等方面的文献综述，我们总结出企业的品牌对于企业获取和维持竞争优势具有非常重要的作用，而且企业建立品牌是一项长期的任务。企业品牌营销的方式有很多种，对企业的绩效随着营销环境的变化会呈现出不同的影响效应，这就需要企业根据市场的环境选择适合的品牌营销策略，这给本研究提供了广阔的研究空间，同时也说明针对农业龙头企业的研究具有非常重大的理论价值和实践指导意义。通过以上的文献综述，我们认识到企业的品牌营销策略是丰富多彩的，主要涉及品牌的定位、品牌的传播、多品牌战略、品牌资源的分配等方面，这为本研究提供了很好的理论支撑。

2.1.3 品牌营销理论的相关研究

品牌营销理论的主要理论基础还是市场营销理论，但是品牌营销理论的内涵具有品牌相关的属性，并且呈现出多元化的特征理论。沈鹏熠和胡正明（2008）认为品牌营销理论对于企业来说具有重要的实践指导意义，并将品牌营销理论分为品牌形象理论、品牌定位理论、品牌延伸理论、品牌资产理论以及品牌关系理论。而梅潇升（2006）则将品牌营销理论分为品牌形象理论、品牌决策理论以及品牌选择理论。本研究认为沈鹏熠和胡正明（2008）对品牌营销理论的划分较为全面而且较为科学，因此，本研究对于品牌营销理论的描述主要依据沈鹏熠和胡正明（2008）的划分方法进行简明扼要的阐述。

2.1.3.1 品牌形象理论

自从20世纪50年代大卫·奥格威提出品牌形象的概念以后，学者们对品牌形象的概念给予了较大的关注，并且在奥格威的基础上将品牌形象的概念进行了丰富和延伸。比如，Park et al.（1986）具体化了品牌形象的内涵，认为品牌形象主要包含功能性利益、体验性利益和象征性利益。Biel（1992）则进一步延伸了品牌形象的内涵，他认为品牌形象主要是以消费者认知为基础，并结合品牌名称等相关属性与联想的组合，而且还强调了品牌形象与品牌资产之间的关系以及品牌形象对品牌资产的影响机理。更进一步，Keller（1993）认为品牌形象是消费者对于品牌各方面感知的集合，主要由消费者关于品牌联想的记忆呈现出来。品牌形象是品牌区别于竞争性品牌在消费者心目中的定位认知，是消费者头脑中所持有的关于品牌的认知、联想、评价的总和（Rust，2001；Blawatt，1995）。由此可见，企业的品牌营销不仅要关注企业提供的产品或服务本身，而且还要关注企业产品或服务品牌的相关形象，比如企业产品或服务的顾客体验效果、顾客感知价值、象征意义等，以将企业品牌塑造成企业与消费者共同期望的境界。

2.1.3.2 品牌定位理论

20 世纪 60 年代末，杰克·特劳特（Jack Trout）在论文《定位：同质化时代的竞争之道》中首次提出了商业中的“定位（Positioning）”观念。1972 年以《定位时代》论文开创了定位理论，1981 年出版学术专著《定位》。1996 年，他推出了定位论落定之作《新定位》。

商业中的战略概念源自军事领域，本义是“驱动军队抵达决战地点”。杰克·特劳特根据军事中“选择决战地点”的概念提出定位观念，用于界定企业经营要创造的外部成果，企业内部运营规划相应成为“如何驱动军队抵达”去创建定位。具体而言，是指企业必须在外部市场竞争中界定能被顾客心智接受的定位，回过头来引领内部运营，才能使企业产生的成果（产品和服务）被顾客接受而转化为业绩。

定位理论不仅给市场营销理论带来新的内涵和发展，同时也奠定了品牌定位理论的基石。不同的学者对于品牌定位概念的内涵有不同的界定，但是都反映了一个核心的观点，即企业一旦选定了目标市场，就要设计并塑造自己相应产品或服务、品牌及企业形象，以争取目标消费者的认同。由此可见，品牌定位理论主要涉及企业、消费者以及竞争者三方的博弈，给企业提供了多元化、差异化的品牌策略空间，同时，也为消费者提供了多样化的选择空间。这种情况加剧了企业与竞争者之间的品牌策略的博弈，进而为农业科技企业品牌营销策略研究提供了现实基础和广阔的空间。

2.1.3.3 品牌延伸理论

Aaker 和 Keller（1990）正式提出了品牌延伸的概念，他们认为品牌延伸就是将企业的原有品牌名称使用到企业新的产品或服务上。国内学者符国群（2002）则认为品牌延伸是企业将已有的著名品牌或者知名品牌运用到企业与现有产品或者原有产品不同的产品上，品牌延伸是企业推出新产品比较常用的品牌策略之一，同时也是企业合理使用自身品牌资产的表现形式之一。经典品牌延伸理论一般认为，有两类重要因素影响消费者对延伸产品的评价：消费者对母品牌的偏好度及延伸产品与母品牌产品之间的相似度。消费者对母品牌的态度是品牌延伸的基础，而母品牌代表了一种信号或信息线索，无论是根据劝说情境模型，还是晕轮效应，消费者对母品牌的既有态度是影响其对延伸产品评价的重要因素。一般来说，一个品牌进行延伸之前，消费者已经对它形成了某种态度定势，这种态度由情感和认知两个层面构成；当品牌进行延伸时，消费者会根据对母品牌的认知和情感对延伸产品进行评价。消费者初次接触延伸产品时，对这种产品并不熟悉，在缺乏外在信息输入的情况下，消费者对延伸产品的态度和评价完全来自于对母品牌偏好度的推断。当延伸产品与母品牌之间的相似度很高时，消费者对母品牌的偏好能够比较顺利地转移到延伸产品上，从而对延伸产品产生正面评价；当延伸产品与母品牌之间的相似度很低时，消费者对母品牌的态度就不能顺利地转移到延伸产品上，而且由于认知冲突，甚至可能对延伸产品产生一种比较负面的评价，但这种负面的评价也不是绝对的。学者们非常关注品牌延伸理论的发展和实践，一些研究成果认为品牌延伸的关键影响因素主要有核心品牌、消费者、市场环境、营销管理等（谢奉军和罗明，2006）。这说明品牌延伸不仅仅是将企业已有著名品牌运用到新产品之上，也是综合考虑权衡众多影响因素的结果。品牌延伸也具有一定的风险，如果品牌延伸到新产品之上，新产品的市场表现不佳，会影响到企业著名品牌的形象和根基。品牌延伸理论进一步丰富了企业品牌营销策略的选择，丰富了本研究的研究内容。

2.1.3.4 品牌资产理论

品牌资产理论主要诞生于 20 世纪 80 年代的并购浪潮，在企业并购过程中，品牌可以作为一种无形资产而具有现实的价值，特别是著名的品牌，其无形的品牌价值可能超过企业的有形资产。品牌资产的价值评估受到诸多因素的影响，Simon 和 Sullivan（1993）列举出了一部分影响品牌资产价值的因素，即广告支出、品牌年龄、销售团队与市场调研、产品组合等。企业的品牌资产主要通过资本市场的表现所体现出来。品牌资产理论基于品牌的无形价值，可能会对消费者产生一定的潜移默化的指引作用，也可能会对企业的整体价值形成重要的影响。品牌资产理论对于本研究也具有一定的理论启示作用。

2.1.3.5 品牌关系理论

自从 Blackston（1992）率先提出品牌关系概念以来，品牌关系的概念迅速引起了学者们的广泛关注，品牌关系概念主要是将人际关系理论导入品牌营销的研究中，从而形成了新的品牌营销理论。品牌关系是消费者与品牌之间的认知情感行为的复杂过程，品牌关系是品牌个性的逻辑性延伸。品牌关系的定义包括三个方面：互赖或交互的行动与利益；实质或期望的互动，且在特定情况下发展能导致报酬；工具与情感的联结。品牌关系包括互动与态度两种成分：互动成分是指个人与品牌的互动次数与内容；态度成分则是指个人对品牌的态度与品牌对消费者的态度。综合以上学者的观点，品牌关系如人与人之间的关系一样，是动态且双向的，是消费者与品牌之间的互赖工具或情感联结下的认知情感与行为的互动过程。品牌关系主要涉及品牌与品牌、消费者与品牌、产品与品牌、营销者与品牌、其他利益相关者与品牌等关系类型。基于品牌关系所涉及的关系类型，学者们进一步构建了与之相关的诸多模型，如品牌社区模型、品牌与消费者模型等，但是处在核心地位的依然是消费者与品牌的关系模型。品牌关系理论说明企业的品牌并不是一个孤立的符号象征，它是一个系统化的成果，并且与企业的产品、营销者、消费者等构成了网络化的结构关系，它们相互作用、相互影响。品牌关系理论对本研究具有非常重要的指导意义，它可能会引导本文系统化、多方位对农业科技企业的品牌营销策略进行研究。

综上所述，品牌营销理论主要包括品牌形象理论、品牌定位理论、品牌延伸理论、品牌资产理论以及品牌关系理论等五个方面。品牌营销理论对于本研究具有非常重要的理论指导意义，其主要体现在：品牌形象理论启示我们农业科技企业的品牌形象可以作为农业科技企业品牌营销的策略之一，并且品牌形象是基于消费者感知的，这说明企业品牌营销策略主要应该聚焦于企业的消费者；品牌定位理论启示我们品牌定位可以作为农业科技企业的品牌营销策略之一，并且品牌定位是基于多元化的产品、差异化的竞争；品牌延伸理论启示我们品牌延伸可以作为农业科技企业的品牌营销策略之一，并且品牌延伸是企业品牌的传承和创新；品牌资产理论启示我们品牌资产在现阶段并不适合农业科技企业的品牌营销策略，因为品牌资产聚焦于企业的品牌价值以及企业的整体市场价值，这与现阶段我国农业科技企业的发展现状不吻合；品牌关系理论启示我们品牌关系能够作为农业科技企业的品牌营销策略之一，因为中国社会文化非常重视关系，这突显了品牌关系策略在我国农业科技企业品牌营销策略中的重要性。总之，作为本研究十分重要的理论基础，品牌营销理论对本研究具有非常重要的指导意义。

2.2 战略能力影响下的品牌营销策略研究：动态能力和市场导向

Lenz（1980）提出了企业战略能力的概念，认为战略能力是企业实行诸多战略活动从而保持企业的长期发展应该具有的能力。Day（1990）认为战略能力是指企业能够协调好企业或者各战略事业单位之间各项活动的开展，而且能够高效地利用企业各种资源的一种系统性复杂能力与积聚性知识的集合。Lerne 和 Almor（2002）认为企业的战略能力与企业对环境的感知有关，并认为规划也是一种战略能力。Hitt et al（2005）认为战略能力是组织、程序和管理的集合，而且战略能力是基于组织层面的并认为组织是不同能力的独特组合。Zou et al（2007）认为企业战略能力是一种以企业战略为基础的能力，是战略和能力的组合体。张文松

（2004）认为战略能力是企业能够不断地增加消费者剩余和生产者剩余的关键因素。杨斌等（2007）认为战略能力是企业拥有的行业经验与创新、能够获取的战略性资源、战略性能力培育的一种累积性学识和技能。由此可见，学者由于不同的研究背景、研究目的而对战略能力的内涵有着不同的阐述，但是他们的共性是都认为战略能力是企业层面的、能够为企业增加竞争力的一种能力。项保华和马文良（2009）认为企业战略能力可以分为企业家能力、知识能力、布局能力等三个维度，这三个维度相互作用、相互支撑构成了企业战略能力。张文松（2005）认为企业战略能力是内核能力、市场能力和网络能力的交集。徐辉和林勋亮（2011）借鉴张文松的观点也认为企业战略能力可以分为内核能力、市场能力和网络能力等三个维度。学者们对于企业战略能力维度的划分也会根据不同的研究背景、研究目的等进行不同的划分，还没有形成比较有影响力的划分方式。本研究根据研究背景和特点，基于农业科技企业营销的视角，将农业科技企业的战略能力分为动态能力和市场导向两个维度。

2.2.1 动态能力与品牌营销策略的相关研究

2.2.1.1 动态能力的内涵

Barney（1986，1991）提出了资源基础观（Resource-based View），认为企业是一系列资源和能力的集合，并以此获取持续的竞争优势，其中资源主要是指企业拥有或者控制的一切可以利用的因素总和，能力则是指企业利用这些资源达到企业期望的效率和效果（Amit 和 Schoemaker，1993）。资源基础观假定企业之间的资源和能力具有异质性，而且这种异质性能够持久地存在。进一步地，Barney（1991）提出企业获取竞争优势的源泉主要是有价值的、稀缺的、难以模仿的和不可替代的资源和能力。但是 Priem 和 Butler（2001）认为，用资源基础观解释企业的竞争优势的来源从本质上来说是静态的，不能适应动态的环境。基于此，Teece 和 Pisano（1994）提出了动态能力的观点，弥补了资源基础观的缺陷，但是学者们普遍认为动态能力是资源基础观的延伸。Teece et al（1997）的论文受到了管理学相关文献的广泛关注，并从此认可了动态能力的观点作为一种新的观点。Teece et al（1997）将动态能力定义为企业整合、建立、重置企业内部和外部的资源以应对快速变化的环境的能力。动态能力观点的特征主要体现在：动态能力的本质主要体现在企业的“能力”上，从而体现出了战略管理在企业获取竞争优势方面的重要作用，从而延伸了资源基础观的静态能力的观点；动态能力强调外部的快速变化的动态环境，这个是动态能力的本质，这一点跟农业科技企业品牌营销的动态环境十分吻合；动态能力强调企业的动态能力是企业自身建设的结果，而不是通过购买等方式能够实现的，因为动态能力是基于组织惯例与流程的能力创造和逐步演进而形成的，这种特点与农业科技企业品牌营销的长期性、动态性等十分相似；动态能力与资源基础观都强调企业之间的异质性，但是动态能力的异质性是建立在企业独特的路径、唯一的资产定位以及特别的程度之上，企业动态能力的这些特性应该对企业的品牌营销具有相当大的影响。

动态能力的观点，随着学者们的广泛关注，不同时期演化出多种不同的动态能力的定义，现综述一些有代表性的动态能力的定义。

Teece 和 Pisano（1994）认为动态能力是企业所具有的用来创造新产品和新工艺的能力，以应对不断变化的市场环境。

Teece，Pisano 和 Shuen（1997）将动态能力定义为企业整合、建立、重置企业内部和外部的资源以应对快速变化的环境的能力。

Eisenhardt 和 Martin（2000）认为动态能力是企业利用资源的流程，特别是整合、重置、获取和释放资源的流程，应对甚至是创造市场变化；因而动态能力是企业的组织或者战略惯例在市场出现、竞争、震荡、演进或者消失的不同阶段实现新的资源配置的表现。

Teece（2000）认为动态能力就是企业快速而富有成效地发现和占领市场机会的能力。

Zollo 和 Winter（2002）认为动态能力是一种通过训练学习而获取的稳定的企业集体能力，主要来自于组织系统化地产生和修正它的运营惯例以追求更好的效果。

Winter（2003）认为动态能力用来延伸、修正或者创造一般的企业能力。

Zahra，Sapienza 和 Davidsson（2006）认为动态能力是重新配置企业的资源和惯例从而达到企业主要决策制定者的期望。

Helfat et al.（2007）认为动态能力是组织有意识地创造、延伸或者修正它的资源基础的能力。

Teece（2007）认为动态能力能够解构成三种能力：感知并准备应对机会和威胁的能力；抓住机会的能力；通过加强、联合、保护以及重置企业无形的和有形的资产从而维持竞争优势的能力。

2.2.1.2 动态能力与营销相关的研究

Eisenhardt 和 Martin（2000）通过理论分析认为动态能力是企业独特的和明确的流程，但是动态能力在企业之间是异质性的，动态能力依赖于市场动态，同时，他们也强调动态能力是必需的，但是动态能力不是企业获取竞争优势的充分条件。

King 和 Tucci（2002）通过实证研究认为企业已经具有的市场营销经验能够增加企业开拓新市场成功的概率。

Song，Droge，Hanvanich 和 Calantone （2005）通过实证研究得出市场和技术能力的交互作用对绩效的效应只有在动态的环境中是显著的。

Danneels（2008）通过实证研究发现企业愿意进行岗位轮换、有益的冲突、对失败的容忍、环境的分析以及资源的冗余等都是企业营销和研发效果的重要影响因素。

通过以上对动态能力的文献综述，我们发现动态能力对解释企业的竞争优势具有十分重要的作用，而且通过对动态能力定义的分析，我们发现动态能力与营销，特别是品牌营销具有一定的相关性，它们之间的关系需要进一步地发掘和研究，而且，现有的相关研究在这方面做得还不够深入，因此，研究企业动态能力对于营销，特别是品牌营销具有非常重要的理论价值和实践指导意义。

2.2.1.3 动态能力与营销相关研究的指导意义

自从 Teece et al.（1997）正式提出动态能力观点以来，动态能力已经在管理学领域，特别是战略管理领域引起了学者们极大的关注，动态能力的观点拓展了基于企业资源能力的战略选择和环境条件的耦合研究以及相关的组织理论研究等。在这个竞争日益加剧、经济波动较大的环境中，企业如果不能正确评估相关环境的变化并且做出相应的调整，企业的业绩会很不稳定甚至会威胁到企业的生存。有的学者将企业的生存环境称为高压竞争（D’Aveni，1994），这充分说明如今企业处于一个动态变化的环境中，在这种情况下，Teece et al.（1997）提出动态能力的观点具有十分重要的现实意义。Teece et al.（1997）将动态能力定义为企业整合、构建和重置内部和外部的资源以应对快速变化的环境的能力。由此可见，企业动态能力强调企业应该灵活应用资源能力去适应外部环境的变化。农业科技企业营销策略就是基于企业市场环境瞬息万变的情况，充分利用企业的资源能力实现企业利润最大化的营销方案，从而增加企业的绩效。因此，可以说企业动态能力的观点与农业科技企业营销策略的目标十分切合。Helfat et al.（2007）认为企业动态能力的核心作用就是通过改变企业内部的重要元素，比如资源能力、运营惯例等，从而让企业能够应对外部快速变化的环境，而这些资源能力配置的改变、运营惯例的改变肯定会影响到企业制定营销策略。对于动态能力观点所对应的快速变化环境，Teece（2007）也进行了相应的阐述，他认为以下环境比较适合动态能力观点：国际化的商业形态、系统的技术变革、发达的全球化市场、尚未发达的技术性与管理性知识市场等。Teece（2007）对于动态能力观点适用环境的阐述表明，动态能力的观点非常适用于新兴市场，比如中国、印度、俄罗斯等。因此，从动态能力观点适用的环境来说，动态能力对于我国农业科技制定企业营销策略具有十分深远的影响，进一步也会影响企业的绩效甚至是企业的生存和发展。至于动态能力对于企业绩效的影响，学者们也是做了大量的研究工作。Teece et al.（1997）认为企业的动态能力与企业的绩效之间具有直接的关系。而且此后的学者们也是从企业层面研究企业动态能力对企业的成功与失败、企业的竞争优势以及价值创造等的影响，他们的研究结论基本上都证实了企业动态能力对企业绩效、发展等方面的积极作用，这给本研究提供了强大的理论支撑。但是也有学者对企业动态能力与企业绩效之间具有直接关系的观点进行了挑战，Eisenhardt 和 Martin （2000： 1106）认为企业动态能力是必需的，但是企业动态能力对于企业获取与维持竞争优势并不是充要条件，他们认为企业获取的竞争优势不仅依赖于企业动态能力本身，同时也依赖于由企业动态能力影响的资源配置情况，这说明影响企业绩效的因素是多元化的，不能仅仅依赖于企业动态能力。Zott（2003）也认为企业动态能力与企业绩效并不是直接相关的，动态能力影响企业绩效可能会通过协调一系列的企业资源或者规制实现。Zahra et al.（2006）也认为企业动态能力与企业绩效的关系是间接的，企业绩效主要取决于企业持续竞争优势的质量，而这又与企业动态能力有关。从以上研究来看，企业动态能力对企业绩效的影响作用是毋庸置疑的，但是企业动态能力通过何种方式影响企业绩效，学者们之间还存在着分歧，这种情形也为本研究提供了一定的研究空间，对于农业科技企业动态能力对制定营销策略的影响作用方式的研究具有相当大的理论指导意义。

从以上对企业动态能力观点的阐述可知，企业动态能力对于本研究的指导意义主要体现在：企业动态能力能够影响企业的内部活动，因而也能够影响到企业的营销策略，但是企业动态能力是直接影响企业的营销策略还是间接影响企业的营销策略，这个需要在研究中进一步地进行探索研究。因此，笔者认为企业动态能力对本研究具有十分重要的指导意义。

2.2.2 市场导向与品牌营销策略的相关研究

2.2.2.1 市场导向内涵

市场导向（Market Orientation，MO）从 20 世纪中期成为现代企业营销管理的核心思想之一（例如 Gebhardt，Carpenter 和 Sherry，2006; Gronroos，1989； Hunt 和 Lambe，2000）。随着学者们对市场导向研究的广泛关注，市场导向的内涵和外延不断得到更新，现已经成为国际上比较热门的学术研究领域。相关文献表明市场导向的首要目标就是传递更卓越的顾客价值（Narver 和 Slater，1990），市场导向能够更好地理解顾客需求、竞争活动和市场趋势，而这些特征都是企业保证长期优秀绩效所必需的基本要素（Day，1994）。在现有的相关文献中，市场导向受到广泛认可的主要是基于两种不同视角的定义，它们分别是文化视角与行为视角。Narver 和 Slater（1990）基于文化的视角界定了市场导向，他们认为市场导向其实是组织文化的体现，企业的组织文化能够最有效地促发企业创造顾客价值的活动。这种基于文化视角的定义可以将市场导向理解为企业中的一只“看不见的手”正在为企业创造顾客价值指明方向。基于文化视角的市场导向概念主要包括三个组成部分：顾客导向、竞争者导向以及职能间协调。其中顾客导向包括收集现有和未来顾客的信息并且将信息用于企业的运营过程中；竞争者导向主要是收集竞争者的战略和行动，并且作为企业应对快速变化市场的参考；职能间协调就是给企业的各个相关部门传递基于市场导向的愿景和目标。

另一种市场导向的定义则来自于 Kohli 和 Jaworski（1990）基于行为视角的定义，他们认为市场导向是三种活动的集成：收集与企业现有与未来的顾客需求相关的市场信息；企业将收集到的市场需求信息在各部门间进行传播、转移和扩散；企业层面上对市场需求信息的反应。这种基于行为视角的定义主要是以企业应对顾客需求的处理程序为基础，从操作中说明市场导向在企业中的应有之意。

Slater 和 Narver（1994）根据 Narver 和 Slater（1990）基于文化视角的市场导向定义开发了市场导向的测量量表 MKTOR，以测量市场导向的三个维度：竞争者导向、顾客导向以及职能间协调。基于行为主义的视角，Kohli 和 Jaworski（1990）开发了 MARKOR 量表，主要包括市场需求信息的获取、市场需求信息传播以及应对市场需求信息的反应等三个方面的企业实践活动。

2.2.2.2 市场导向与营销的相关研究

Atuahene-Gima（2005）通过实证研究认为市场导向中的顾客导向和竞争者导向对渐进性创新绩效有正向影响，职能间协调对渐进性创新绩效和激进性创新绩效都有正向的影响作用。

Atuahene-Gima 和 Ko（2001）的研究认为同时拥有市场导向和战略导向的企业的市场绩效要优于只拥有其中一个导向的企业市场绩效，这说明市场导向和战略导向都对企业的营销绩效产生重要的影响作用。

Atuahene-Gima，Slater 和 Olson（2005）的研究认为响应型的市场导向对产品创新绩效具有 U 形效应，而先导型的市场导向对产品创新绩效则具有倒 U 形的效应，这两种市场导向的交互作用对产品创新绩效具有负效应。

Baker 和 Sinkula（2007）的研究认为所有类型的市场导向对产品创新的市场绩效都具有积极的影响效应。

Verhees 和 Meulenberg（2004）认为顾客和供应商的产品信息对新产品创新具有正向的影响作用，其中所有者相关领域的创新性扮演着负的调节作用。

Van Riel，Lemmink 和 Ouwersloot（2004）的研究认为与顾客相关的市场情报信息对企业的产品市场营销绩效具有长期的正向影响作用，而与竞争者相关的市场情报信息对企业的产品市场营销绩效具有短期的负向影响作用。

Perry 和 Shao（2005）的研究则认为竞争者导向对企业创新产品的市场营销绩效具有正向的效应，而顾客导向对企业创新产品的市场营销绩效则具有负的效应。

Kahn（2001）对营销、研发和运营经理的大样本实证研究结果表明，市场导向整体上对企业产品的营销绩效具有正向的积极影响，但是从市场导向的具体内容来看，其中，顾客导向对企业产品的营销绩效具有正向的影响作用，而竞争者导向则具有负向的影响作用。

Kyriakopoulos 和 Moorman（2004）的实证研究结果显示，市场导向整体上对产品营销绩效具有正向的影响作用，当企业同时采用应用型和开拓型的市场战略时这种正向的影响效应更加明显。

张婧和段艳玲（2010）通过对我国 227 家制造型企业的问卷调查进行实证研究，结果显示，市场导向和创新导向对我国制造业企业新产品开发的市场营销绩效具有显著的正向影响作用，创新导向与技术变化对市场导向与新产品的市场营销绩效的关系起到了显著的正向调节作用。

张婧和段艳玲（2011）的实证研究结果表明，渐进型创新和激进型创新对企业产品创新绩效具有正向的影响作用，在市场导向的三个维度中，职能间协调和顾客导向对渐进型创新和激进型创新都具有正向的影响作用，其中，顾客导向更加能够促进渐进型创新，而职能间协调则对激进型创新的影响作用更加显著。对于企业新产品营销绩效的效应，职能间协调的效用最大，顾客导向处于次要地位，而竞争者导向的影响作用最不明显。

通过以上的文献综述，我们认为市场导向对于企业产品的市场营销绩效具有十分重要的影响作用，同时我们又发现市场导向的不同维度对企业产品市场营销绩效的效应会随着研究环境、样本差异等方面的不同而表现出多种不同的结论。由于市场导向行为涉及文化与企业行为，同时影响企业绩效的因素甚为复杂，所以，至今关于二者之间内在机理的研究尚无定论（刘宇，2009）。现有文献研究结论的差异既说明市场导向对于企业市场营销效果的重要性，又说明市场导向会随着环境的变化而对企业市场营销绩效的影响表现出不同的结果，这说明，本研究研究市场导向对农业科技企业品牌营销的影响就显得更具有理论价值和实践指导意义。

2.2.2.3 市场导向与营销相关研究的指导意义

市场导向理论的含义主要有两种视角的观点。一是 Narver 和 Slater（1990）基于文化视角的市场导向的观点，他们认为市场导向其实是组织文化的体现，企业的组织文化能够最有效地促发企业创造顾客价值的活动；二是 Kohli 和 Jaworski（1990）基于行为视角的市场导向的观点，他们认为市场导向是三种活动的集成：收集与企业现有与未来的顾客需求相关的市场信息；企业将收集到的市场需求信息在各部门间进行传播、转移和扩散；企业层面上对市场需求信息的反应。这两种关于市场导向的含义都强调了企业应该为消费者创造价值，只是两个视角所强调的实现路径不同。从市场导向的内涵可以看出，市场导向实质上是企业发现消费者需求、挖掘消费者潜在价值的一种能力，只是这种能力是企业以消费者为对象的能力。现有文献中，一些学者认为市场导向是创新绩效的先驱（例如，Baker 和 Sinkula，2005；Gotteland 和 Boule，2006）。这说明企业创新绩效不仅依赖于企业的动态能力，而且与消费者的市场导向十分相关。市场导向一般聚焦在企业的具体产品或者服务上，主要是针对企业产品或者服务的营销方面，而这又有可能忽视了由于技术变革而带来的技术方面的风险，所以说企业仅仅强调市场导向是一种风险较高的行为，但是市场导向在挖掘消费者需求、潜在价值方面具有不可替代的作用。在这种情形下，企业的动态能力恰好弥补了这一缺憾，企业动态能力能够让企业更好地适应快速变化的环境。综上分析，企业市场导向对企业的品牌营销具有十分重要的影响作用，但是由于市场导向是一种基于消费者需求和价值的短期能力，从长期来看，市场导向可能会让企业对技术变革反应迟钝，从而威胁到企业的生存和发展，而企业的动态能力则能够较好地弥补市场导向的这一缺憾。因此，将企业动态能力与市场导向结合起来，能够让企业获取并维持长期的竞争优势，同时，两者的结合也能够让企业战略能力更加强大、持久。

从以上分析可以看出，市场导向是企业挖掘消费者需求和价值的一种能力，它既能对企业的市场营销，特别是品牌营销活动产生重要的影响作用，同时它也可能导致企业的技术短视，从而给企业带来致命的打击。从我们对企业动态能力理论的指导意义来看，企业动态能力不仅能够影响到企业的市场导向能力，而且还能够与市场导向能力形成互补，构建企业短期与长期战略能力的保障。市场导向对于本研究的指导意义主要体现在：市场导向可能会受到企业动态能力的影响，同时市场导向对企业营销活动具有十分重要的影响作用，而且，企业动态能力和市场导向如何对企业的品牌营销活动产生影响，这需要进一步进行研究。

2. 2. 3 吸收能力的相关研究

2. 2. 3. 1 吸收能力的定义

Lane et al.（2006）认为吸收能力与知识资源的获取、消化以及应用等密切相关，是企业获取和维持竞争优势的核心能力之一，近年来已经成为学者们的热点研究问题之一。关于吸收能力的定义，现有文献中被广泛接受的是 Cohen 和 Levinthal（1990）给出的定义，他们认为企业吸收能力就是企业识别、评价、消化和应用外部知识资源的能力。同时，他们也认为吸收能力是企业创新活动和问题解决活动的附属收益，而且企业的吸收能力是企业员工个体吸收能力的集合。Zahra 和 George（2002）延伸了 Cohen 和 Levinthal（1990）关于吸收能力的定义，他们吸收了 Teece（2000）的企业动态能力的观点，认为企业吸收能力是企业获取、消化、转化以及应用外部知识资源从而形成企业动态能力的惯例与流程。并且他们将吸收能力分为潜在的吸收能力和现实的吸收能力，潜在的吸收能力是企业在外部环境中搜寻、识别知识，获取和消化外部知识的能力；现实的吸收能力是企业对获取的知识资源进行转化与应用的能力。Lane et al.（2006）认为 Zahra 和 George（2002）的吸收能力定义虽然具有一定的效率性，但是该定义缺乏对企业未来发展的思考，是短视的行为。基于此，他提出了企业的吸收能力应该是根据不同的情景而进行探索性学习和应用性学习的双重能力的体现。企业可以通过探索性学习，识别评价并理解掌握企业外部有价值的新知识；企业可以通过应用性学习，消化和应用知识来创造企业的新知识和商业利润的来源。

2.2.3.2 吸收能力的测量

Cohen 和 Levinthal（1990）以及 Lane et al.（2006）认为应该从三个维度对吸收能力进行测量，即识别评价、消化和应用。Zahra 和 George（2002）认为应该从四个维度对吸收能力进行测量，即获取、消化、转化以及应用。四个维度的测量方式主要是将消化和转化分开，从而更加强调企业知识的转化，融入了动态能力的视角。三个维度的测量方式则比较强调企业对获取与消化知识的应用。两种测量方式各有千秋，在现有文献中，大多数实证的文献都倾向于使用三维度的测量方式，但是近年来也有一些学者采用四个维度的测量方式（Jansen et al.，2005；Fosfuri et al.，2008；Yeoh et al.，2009）。

基于以上文献综述，我们可以看出吸收能力到现在已经发展成为一个比较成熟的学术概念，因而本研究可以站在巨人的肩膀上进一步探索性地研究企业的吸收能力与本研究所涉及的企业动态能力、市场导向以及品牌营销策略等概念的关系。

2.2.4 品牌营销策略的相关研究

2.2.4.1 品牌的内涵

科特勒（2001）在《营销管理》一书中对品牌的定义是：“品牌是卖方或卖方群体提供的实物产品或服务的名称、标记、图案，或这些因素的组合等，是用来与其竞争者相互区别的东西。”科特勒（2001）认为一个品牌可以向消费者传递以下信息：产品或服务的属性；带给消费者的利益，包含功能利益与情感利益；产品或者服务所具有的独特价值；产品或服务所代表的独特文化；产品或服务所呈现出来的独特个性；产品或服务的消费者类别。由于一般的品牌都具有竞争属性，所以一个品牌的独特价值、个性、文化等保证了品牌的长期稳定性，这也是品牌营销和传播的基础。科特勒（2001）也认为品牌与产品、服务一样，都具有生命周期，都会经历产生、发展、成长、成熟和消退的过程，同时，他也认可一些品牌能够经久不衰，如可口可乐、宝洁等。品牌在消费者心中会呈现出不同的感知效果，从低到高，我们可以总结为不知道品牌、品牌知晓度、品牌接受度、品牌偏好度、品牌忠诚度等。

凯文・莱恩・凯勒（2001）认为品牌的内涵主要涉及品牌名称、符号、字符、网址、口号、音乐、标志、封装、代言人、标牌等。这些相关信息的组合是构建品牌的关键。品牌是企业向顾客长期提供的一系列具有独特特点、利益的产品和服务，卓越的品牌能够向消费者传递产品卓越质量的信息。凯文・莱恩・凯勒（2001）认为品牌是一种有价值的、需要认真经营的无形资产。企业营销可以通过品牌传播和顾客特许经营等方式，使企业的产品品牌具有独特的价值、个性、文化等，从而让企业获益。

余明阳，杨芳平（2005）整合一代广告大师大卫·奥格威对于品牌的定义，认为品牌是一系列复杂符号的组合，它是产品或服务属性、价格、包装、名称、声誉、广告风格、历史等一系列无形符号的组合。品牌形象的观点是奥格威于 20 世纪 60 年代提出的创意观念。品牌形象的观点是广告创意策略理论中的一个重要学派。品牌形象的策略理论指导出大量卓越的、成功的广告。奥格威认为品牌形象不是产品或服务固有的属性，而是跟消费者相关的产品或服务的质量、价格、历史等形成的印象，从而说明广告都是对品牌的长期投资。品牌、产品或服务发展的结果就是给消费者形成一个形象。企业可以通过不同的推广策略将定位的形象传播给消费者或者潜在的消费者。从而让消费者感知到他们所购买的不仅仅是产品或服务，还获得了与产品或服务相关的承诺和心理的利益。

2.2.4.2 品牌营销策略与绩效

学者们现在越来越关注企业的市场营销资源和企业财务绩效的关系（Rust et al.，2004）。现阶段已经出现的大量的理论模型和实证研究的成果说明了企业的市场营销,特别是品牌营销,和企业维持竞争优势的关系（Madden，Fehle 和 Fournier，2006；Rao，Agarwal 和 Dahlhoff，2004）。品牌是企业重要的无形资产，并且对企业的绩效产生十分显著的贡献，这个观念已经被学者们广为接受（Ailawadi，Lehmann 和 Neslin，2001；Capron 和 Hulland，1999）。对于一些大型的龙头企业来说，已经在实践与品牌相关的策略，他们在市场上实行品牌组合，并且从战略决策的高度管理无形的品牌组合资产（Aaker，2004）。但是企业品牌策略，特别是组合策略对于企业绩效的影响还有待于实证研究的验证（Anand 和 Shachar，2004；Carlotti，Coe 和 Perry，2004；Kumar，2003）。现阶段，只有极少数学者的研究在这个方面有所涉及，如 Bordley（2003）认为企业实行一系列品牌的策略相对于渠道数量来说具有更大的市场力量，并且能够提高竞争者进入市场的门槛。Steenkamp，Batra 和 Alden（2003）认为营销品牌通过不同的营销渠道能够获得规模经济和范围经济的收益。Kumar（2003）认为企业实行品牌组合战略应该是在品牌具有互补性的情况下，而且还需要在消费者心目中构建差异化的品牌定位，从而获取更大的广告和管理协同效应。Morgan 和 Rego（2009）认为品牌组合策略主要涉及三个方面的内容：范围，主要涉及企业拥有品牌的数量、市场营销以及执行市场品牌策略的部门数量；竞争，主要涉及企业自身的品牌组合，其组合中品牌相互竞争的程度，比如定位的相似性、目标消费者的相似性等；定位，主要涉及企业品牌组合中各品牌在消费者心目中的质量、价格等方面的内容。Park et al.（2010）认为与企业品牌相关的附属信息能够对消费者的品牌态度产生十分重要的影响效应。

国内学者对品牌营销策略也进行了深入的研究。赵维（2010）认为品牌营销对企业具有十分重要的作用，但是国内大多数企业对品牌营销策略的关注不够，针对国内的现状，他通过理论和案例研究提出企业需要在品牌定位、品牌传播、品牌管理等方面有更多的关注。

施俊（2010）从汽车企业市场营销策略的角度，基于对汽车行业企业市场营销的多方面分析，提出了企业应该如何确定营销策略，即营销策略和目标的可实施性、资源分配的合理性、企业内外部的营销传播环境、传播策略和方案等。

李文福（2010）通过分析新疆果品的品牌营销现状，提出其存在的问题和挑战，在此基础上，对新疆果品的品牌营销的环境进行 SWOT 分析，并结合品牌、品牌营销等相关理论，提出了新疆果品的品牌营销策略。

通过以上对企业品牌、品牌营销、品牌营销策略等方面的文献综述，可以总结出企业的品牌对于企业获取和维持竞争优势具有非常重要的作用，而且企业建立品牌是一项长期的任务。企业品牌营销的方式有很多种，而且对企业的绩效随着营销环境的变化会呈现出不同的影响效应，这就需要企业根据市场的环境选择适合的品牌营销策略，这也给本研究提供了广阔的研究空间，同时也说明本研究针对农业龙头企业的研究具有非常重大的理论价值和实践指导意义。通过以上的文献综述，我们认识到企业的品牌营销策略是丰富多彩的，但是主要涉及品牌的定位、品牌的传播、多品牌战略、品牌资源的分配等方面，这为本研究提供了很好的理论支撑。

2.3 农业科技企业相关研究

2.3.1 农业科技企业的内涵

李大兵等（2006）定义了农业科技企业的内涵：涵盖农、林、牧、副、渔和供、产、销的“十字形大农业”，结合现代企业的经营方式，并且进行专业化的分工协作，具有独立经营资格，自负盈亏，主要经营范围是商业性质的农业生产、加工或服务等各种涉农经济组织的统称。

从上述定义分析，农业科技企业具有以下特征：第一，农业科技企业是与农业相关的企业，主要营业对象是农业、农民、农产品；第二，农业科技企业经营与科学技术密切相关；第三，农业科技企业也是企业，它具备一般企业法人的特征，遵守一般企业法人的规章制度。这三个特征是农业科技企业的主要特征。张素平（2010）提出农业科技企业符合相关公司法的规定，具有独立法人的资格；同时农业科技企业是以产品创新和技术研发为基本特征，农业科技企业是集研发、生产、销售、售后服务为一体化的企业。综合以上定义说明，农业科技企业是以技术创新为核心，以将技术创新转化为科技成果为基础，进行高科技产品的生产、营销的企业。王远洲（2009）认为现代农业科技企业是以农业相关科技和相关产业为组织形式，是集农业科技创新、生产和产品营销于一体的农业密集型经济实体。他把现代农业科技企业分为四种类型：联合组建型、校所创办型、产业链集团型以及孵化器助产型等。同时从相关技术上分为五种类型：畜牧良种型、生物育种型、农产品加工型以及环保观赏型等。冷波（2009）提出农业科技企业具有与农业相关的高新技术产业的研发、生产、经营一体化的产业特征，同时它是符合公司法与现代企业制度的法人。这个定义指出农业科技企业具有独立的法人资格，且具有技术创新属性以及与农业相关的属性等。戴露颖（2009）提出农业科技企业是推动农业相关的新品种、新技术以及新产品的技术研发为主体，能够在产品技术创新方面有较大的人力、物力、财力的投入，并且是一方面依靠企业自身的科技成果，另一方面引进吸收他人的技术，进行技术再创新与产品开发，进而形成规模生产的高新技术企业。她认为农业科技企业形成的途径主要有以下三类：第一，与农业相关的科研院所创办及其改制而形成的农业科技企业；第二，通过引进高科技人才，建立农业研发中心，以农业科技创新产品为龙头的农业高新技术企业；第三，与农业相关的单位或者相关的行业企业通过兼并、收购和参股等形式，进行组织形式创新从而形成农业科技企业。薛长江（2007）提出农业科技型企业是从事农业新品种、新设备技术、新生产工艺、新产品研发，同时能够在科技研发方面有人力、物力、财力等的投入，且依靠自身的产品研发成果或者引入外部研发成果进行吸收然后再技术创新，从而形成以农业相关的高新技术产品为规模大生产的企业。薛长江对农业科技型企业的定义包含：农业科技型企业首先要具有独立的企业法人资格，同时能够建立规范和完善的现代企业管理制度；它的经营应该具有高新技术特征。一般而言，应将农业科技型企业与一般的农业科技企业相分开。综上所述，农业科技企业的定义应该包括：具有一般企业法人的经营资格，符合现代企业管理制度的管理要求；具备与农业相关的高科技的特征；是集产业的研发、营销、服务一体化的组织形式。因此，本研究把农业科技企业定义为：农业科技企业是与农业相关的高新技术的研发、经营、服务一体化且符合现代企业管理制度，具有独立法人资格的企业。

2.3.2 农业科技企业的相关研究

余庆来和肖扬书（2011）通过理论分析、逻辑推理以及数据验证等方法提出了农业科技企业自主技术创新能力的指标评价体系的方法。该方法以定性和定量相结合，以专家意见和数据分析相结合，具有相当大的学术价值和实践意义。

陈启杰等（2010）通过以泛长三角地区的农业龙头企业为调查对象，证实了农业科技企业的市场导向和政策导向都对企业的绩效有正向的影响作用，而且市场导向较好的农业科技企业的长期绩效较好，政策导向较好的农业科技企业的短期绩效较好，市场导向和政策导向兼具的农业科技企业的长短期绩效都较好。另外，他们的研究也发现，动态能力在市场导向和农业科技企业的绩效关系之间扮演着部分中介作用。

米运生等（2008）基于温氏集团的案例分析，说明农业科技企业在成长过程中如何成功破解资本和风险的双重约束，以便企业以防御性的财务战略达到可持续发展的目标。他们认为农业科技企业应该在农户购买的相关环节使用市场交易的方式，从而获取商业信用与内部货币市场，使用管理交易的方式让农户的投入变为企业的内源融资等。

李大兵、孟凡博（2006）认识到农业科技企业的特殊性，构建了农业科技企业绩效管理的构架：采用标杆超越，制定学习标准；利用 SWOT 战略分析工具，进行系统分析；采用平衡计分卡，检验战略落实情况。

刘伟（2007）通过对我国农业上市公司的成长机理研究以及对我国农业上市公司的成长性影响因素进行分析，再结合企业绩效评价结果提出了我国农业上市公司的发展策略与相关的政策建议。

李宁（2008）提出了农业科技企业全面绩效评价体系的框架和流程，并且采用 DEA-Bench-marking 模型和算法，实证了吉林省 47 家农业产业化龙头企业的生产流程与技术创新绩效、财务绩效、人力资源绩效和客户关系绩效方面的绩效水平，并根据评价结果给出了改善农业科技企业绩效的标杆企业。

姜俊（2009）通过沪深两市的农业类上市公司的相关数据实证研究了我国农业科技企业的社会责任、创新对企业财务绩效的影响作用。该研究的结论：农业科技企业的社会责任、产品创新、工艺创新都对企业财务绩效具有显著的正向影响关系。

张利庠（2007）通过对我国农业科技企业的自主创新调查问卷的数据分析，提出了我国农业科技企业自主创新的影响因素，分析了我国农业科技企业自主创新的特征，在此基础上提出了我国农业科技企业自主创新的策略模型，构建了我国农业科技企业自主创新的四大平台：市场创新平台、技术创新平台、知识创新平台以及文化创新平台。

刘秀琴等（2010）研究了我国农业科技企业的起缘和效率，她们认为高质量的乡村社会资本是农业科技企业诞生与发展的土壤，从而使农业科技企业有效地摆脱初始资本与初期制度的双重约束，进而使农业科技企业能够发展壮大。

周斌等（2009）以农业科技企业为样本构建理论模型，采用相关分析、回归分析等方法研究了企业社会资本对企业技术创新绩效的影响作用。研究结果表明农业科技企业的资源获取能力与企业技术创新绩效正相关，农业科技企业的社会资本对企业技术创新绩效有正向的影响作用。

汪凤桂等（2009）研究了投资机会和农业龙头企业社会责任的关系。研究结论显示农业龙头企业的社会责任实践主要是基于以下投资机会：分散农户进入市场的需要、农产品特性导致安全优质的农产品供给的缺乏、环境保护的需要以及慈善捐赠等。

戴露颖（2009）通过 DEMATEL 定量方法对农业科技企业的核心竞争力进行了研究，研究结论表明技术创新能力、人力资源、管理能力、资本是农业科技企业竞争力的四大首要影响因素。王远洲（2009）研究了现代农业科技企业管理的复杂性，对农业科技企业管理的复杂性进行了全面和系统的研究，并引入了组织行为理论、复杂性理论、管理熵理论等。该研究根据现有的研究结果对农业科技企业管理和技术创新途径给出了具体措施与意见。薛长江（2007）根据我国的实际情况对农业科技企业技术创新进行了研究，研究分析指出了我国现在农业科技企业技术创新现状并建构了技术创新指标体系，确定了知识产权制度的重要性，并且基于研究指出了许多农业科技企业在进行技术创新过程中的管理与政策建议。冷波（2009）研究了农业科技企业的创新集成能力，该研究以企业创新能力、集群理论为基础，建构模糊综合评价模型，进行了实证研究，结合研究结果提出较为有针对性的意见和政策。肖更生等（2010）认为农业科技企业的技术创新具有高风险性，为了规避这些风险，他们建构了 10 种评价风险因素，共计 43 个指标系数，并对广东的农业科技企业进行了实证研究，研究表明 10 类风险因素对技术创新有不同程度的影响。张素平（2010）研究了农业科技企业的创业环境，他通过建构模糊评价模型、实证分析等提出了改善农业高新技术企业创业环境的具体建议。徐彬和揭筱纹（2010）认为农业科技企业的创新主体是相关的技术研发机构、政府行业主管部门、生产经营机构、技术传播机构、技术推广机构以及农民及农经合组织等，他们认为农业科技企业技术创新的战略导向应该是多种创新主体的多元共存。针对农业科技企业发展中存在的产权不清、资金缺乏以及创新动力不足等问题，很多学者进行了深入研究。通过对125家农业科技企业的实证研究，高启杰（2008）的研究证明了这一点。在农业科技企业创新的组织不够健全、投入不足、企业主导的水平较低的情况下，企业技术创新能力只能达到一般水平。

从以上文献综述来看，农业科技企业的相关研究主要集中在农业科技企业的技术创新、农业科技企业的社会责任、农业科技企业的绩效评价以及农业科技企业的发展成长等方面，而研究农业科技企业的品牌的文献显得十分稀缺，这为本研究提供了广阔的研究空间，同时，也显示出本研究的重要学术价值、理论创新和实践指导意义。

2.4 企业营销绩效

2.4.1 企业绩效

现有文献中，研究企业绩效主要是从三个视角对企业绩效进行定义：一是以Bemardin和Kane为代表人物的结果视角，Bemardin（1984）认为，“绩效是在特定工作职能、活动或行为上产生的结果记录在特定时间范围内”，而Kane（1996）则指出，绩效是“一个人留下的与目的相互独立存在的东西”；二是以Campbell和Murphy为代表人物的行为视角，Campbell（1990）认为，“绩效是行为，应该与结果区分开，因为结果会受系统因素的影响”，Murphy（1990）指出“绩效是与一个人工作的组织或组织单元的目标有关的一组行为”；三是以Brumbrach为代表人物的综合视角，他认为绩效是行为和结果的结合。任馨（2009）认为企业绩效评价指标体系主要包括信誉指标、经济效益、工作效率指标、消费者满意度、市场份额、时间指标、创新能力指标等。

2.4.2 企业营销绩效

本研究认为，企业营销绩效是指企业战略营销运行的成绩和效率，即企业在一定时期内为实现战略营销目标所做的一系列工作及所取得的各种成果的总称，其承载主体应是企业战略营销实施的全部职能部门。

企业营销绩效对企业的生存与发展都具有非常重要的作用，为企业带来利润。对企业营销具有直接影响的营销组合也反映出营销绩效的重要作用，比如 4P 中的价格、4C 中的成本以及 4R 中的回报。现有研究中，学者认为对企业营销绩效的考核主要有两种方法，即关键绩效指标法和平衡计分卡法。也有学者结合关键绩效指标法和平衡计分卡法提出了营销考核类别方式，以更全面地对企业营销绩效进行衡量。

企业营销绩效评价作为衡量企业经营水平、比较与竞争对手的差距及指导反馈企业战略的重要工具，越来越受到企业学者的关注（孙淑英等，2005）。

企业绩效评价可以分为简单财务结果测评、非财务结果测评、投入测评、多维测评四种类型（刘满凤，2004）。

Day 和 Fashy（1988）对企业营销绩效的测量主要集中在包括利润、销售额和现金流在内的财务测量指标上。Bonoma 和 Clark（1988）在广泛调查和研究的基础上，发现企业最频繁使用的营销绩效测量指标是利润、销售额和现金流量。Morrison 和 Roth（1992）在实证研究中，也使用税后总投资回报率、税后总资产收益率和年度销售增长率这三个财务性指标的三年均值来衡量企业营销绩效。Julian（2003）采用过去 5 年的年度销售增长率、盈利率、平均年销售增长率和总体盈利率四项指标度量营销绩效。与以上学者不同，Bonom 和 Clark（1988）在研究中发现，营销生产力中存在着许多调整因子，如市场占有率、服务质量、顾客满意和顾客忠诚等，这些因子使得营销投入在转换成营销产出时带有极大的随机性。

Lumpkin 和 Dess（1996）进一步指出，企业在衡量营销绩效时，除了关注传统的财务绩效指标外，还应强调“全面性绩效”指标，如顾客满意度等。Dess et al（1997）也主张企业应该采用财务指标和全面性指标综合衡量营销绩效。Oczkowski 和 Farrell（1998）采用顾客维持率、新产品成功率、投资回报率、销售增长率和整体绩效五项指标来衡量营销绩效。此外，Julian 和 Cass（2002）在具体的商业实践中，采用财务指标和总体满意度来度量营销绩效。战略营销的出现进一步推动了企业营销绩效测评从简单评价到多维度评价的转变。Clark 和 Ambler（2001）认为，营销绩效测量是评估“营销活动和经营业绩之间的关系”。Kumar，Stern 和 Achrol（1992）提出了测评销售者绩效的组织效果四尺度法，即质量尺度、资源使用尺度、作业尺度和人力资源尺度。Pelham（2000）采用三个方面的指标衡量营销绩效：市场指标（相对的产品质量、新产品创新成功率和顾客保持率）、成长性指标（销售额、销售增长率、目标市场占有率）、利润指标（股东回报率、毛利率和投资回报率）。Rossano et al.（2006）在整合前人研究的基础上，提出了企业营销绩效评价的六要素量表，对营销绩效进行全面度量。这六个要素包括财务类（营业额、边际收益利润）、市场竞争类（市场份额、广告和促销份额）、消费者行为类（顾客渗透、顾客忠诚和顾客增进）、消费者认知类（产品认知、品牌满意和购买意图）、中间商顾客类（配送水平、中间商盈利性和服务质量）、创新类（产品投放和收入）。

现阶段，国内许多学者和企业管理者也开始致力于企业营销绩效的研究。刘满凤和黎志成（2001）建立了包含营销成本类、营销费用类、营销产出类以及营销影响力类等四类指标的网络营销绩效评价指标体系。武春友和王兆华（2002）尝试采用数据包络分析（DEA）方法来评价企业的营销决策的综合效果。傅小华和黎志成（2003）建立了企业面向网络营销的包括目标层、准则层和指标层等三层评价指标的体系。评价指标一般包括效果类指标及成本类指标、效率类指标。冯振环和罗永泰（2004）运用技术经济学原理设计了由三级指标构成的企业隐性营销绩效综合评价指标体系和评价方法。杨智（2005）在研究市场导向与营销绩效关系问题时以财务性指标（净利润、销售利润率和投资回报率）和市场性指标

（销售增长率、新产品开发和市场拓展）作为营销绩效的衡量指标。许月恒和朱振中（2008）建立了基于神经网络的营销绩效评价体系，提出了运用 BP 神经网络对营销绩效进行评价的方法。景涛（2009）建立了营销系统授权与营销绩效关系模型，并以中国 107 个企业为实证研究对象，认为营销系统授权会透过营销创新能力和营销策略能力对营销绩效形成间接正向影响。

2.5 本章小结

本章基于研究需要和研究特点，对本研究涉及的相关理论及本研究的指导意义进行了阐述。本章共有六个相关理论，它们分别是动态能力理论、市场导向理论、消费者行为理论、市场营销理论、品牌营销理论以及整合营销传播理论。

其中动态能力理论的指导意义，企业动态能力能够影响包括营销活动在内的企业活动，但是企业动态能力是直接影响企业的营销策略还是间接地影响企业的营销策略，这个需要进一步研究。

市场导向理论的指导意义在于，市场导向可能会受到企业动态能力的影响，同时市场导向对企业营销活动具有十分重要的影响作用，但企业动态能力和市场导向如何对企业的品牌营销活动产生影响，这需要进一步进行研究。

消费者行为理论的指导意义在于，农业科技企业品牌营销策略需要以消费者行为理论为基础，以企业动态能力和市场导向为支撑，从而让企业的品牌营销策略既能得到企业动态能力和市场导向的保障，又能引起消费者的共鸣，以实现企业优秀的绩效。这说明本研究可以构建企业动态能力和市场导向与品牌营销策略的理论模型（或者企业品牌营销策略影响因素理论模型），从而探究两者的作用机理。

市场营销理论的指导意义在于，市场营销理论直接为农业科技企业品牌营销策略的构建提供理论依据和理论启示，同时也佐证了企业市场导向的重要价值。市场营销理论在本研究中具有基础性的理论地位，对本研究的理论构思、模型构建、研究路径都具有方向性的指引作用。

品牌营销理论的指导意义在于，品牌形象理论告诉我们，农业科技企业的品牌形象可以作为农业科技企业品牌营销的策略之一，并且品牌形象是基于消费者感知的，这说明企业品牌营销策略主要应该聚焦于企业的消费者；品牌定位理论告诉我们，品牌定位可以作为农业科技企业的品牌营销策略之一，并且品牌定位是基于多元化的产品、差异化的竞争；品牌延伸理论告诉我们，品牌延伸可以作为农业科技企业品牌营销策略之一，并且品牌延伸是企业品牌的传承和创新；品牌资产理论告诉我们，品牌资产在现阶段并不适合农业科技企业的品牌营销策略，因为品牌资产聚焦于企业的品牌价值以及企业的整体市场价值，这与现阶段我国农业科技企业的发展现状不吻合；品牌关系理论告诉我们，品牌关系能够作为农业科技企业的品牌营销策略之一，因为中国社会文化非常重视关系，这凸显了品牌关系策略在我国农业科技企业品牌营销策略中的重要性。

整合营销传播理论的指导意义在于，农业科技企业的动态能力和市场导向对农业科技企业的品牌营销构成了很重要的支撑力量，农业科技企业的动态能力和市场导向能够影响农业科技企业品牌营销的整合范围和整合程度，从而影响农业科技企业品牌营销策略的选择和实践的效果。

本章对六个相关理论内涵的阐述以及对本研究指导意义的说明，为本研究构建农业科技企业品牌营销策略影响因素理论模型、品牌营销策略与营销绩效的理论模型奠定了坚实的理论基础，并为本研究提供了非常有价值的理论启示。

3 第三章 农业科技企业的特征与品牌营销分析

3.1 农业科技企业的定义与特征

李大兵等（2006）对农业科技企业进行了界定，他们认为农业科技企业是涵盖农、林、牧、副、渔和供、产、销的“十字形大农业”，结合现代企业的经营方式，并且进行专业化的分工协作，具有独立经营资格，自负盈亏，主要经营范围是商业性质的农业生产、加工或服务的各种涉农经济组织的统称。联合国粮农组织（FAO）2007年的的研究报告将农业科技企业界定为农产粮食价值链的非农联结环节，农业科技企业为农业领域提供生产资料，并以粮食与其他农产品的处理、加工、运输、销售和分配等方式将农业领域与消费者联系起来。本研究认同李大兵等（2006）关于农业科技企业的内涵的定义。从以上定义可以看出，农业科技企业的范围十分广泛，与广大消费者紧密相连，农业科技企业不仅包括与农业直接相连的农林牧渔类的基础性企业，同时也包括为农林牧渔类基础性企业进行服务的企业，也可以是农林牧渔类基础性企业的下游企业等，因此，可以说农业科技企业涉及广大消费者生活中的很多方面，特别是跟消费者“吃喝”有关的农业科技企业，更是与广大的消费者形影不离。农业科技企业的范围如此之广，跟广大消费者的关系紧密，给本研究提供了很好的研究样本。本研究将农业科技企业作为研究对象，探讨农业科技企业的品牌营销策略的影响因素、品牌营销策略与营销绩效之间的关系，因此，界定农业科技企业的内涵与范围是本研究的基础。具体来讲，基于李大兵等（2006）对农业科技企业的定义，本研究的农业科技企业可以包括农业科技企业、沪深股市农林牧渔与食品饮料等板块的上市公司、农业龙头企业等相关分类内的企业。界定农业科技企业的内涵与范围，与本研究构建相关的理论概念模型、研究样本的选取等都有直接的关系。由于本研究与农业科技企业的品牌营销高度相关，故在研究对象的选择上可能会更多地关注直接面向大众消费者的农业科技企业，这样的研究成果更具有普适性和价值性。

3.2 农业科技企业品牌营销现状分析

品牌一般来说主要有三种存在形式，即产品或服务品牌、企业品牌以及区域品牌。对于农业科技企业来说，除了自身的企业品牌、产品或服务品牌外，区域品牌相对于其他类别的企业来说对消费者更具有吸引力和认知度。现阶段，农业科技企业品牌营销的现状主要可以归纳为以下几个方面。

3.2.1 农业科技企业品牌延伸利用较好

现阶段品牌形象塑造较好的农业科技企业都开始延伸企业的品牌，农业科技企业一般通过开发新产品或者引入其他系列的相关产品进行品牌延伸。农业科技企业通过品牌延伸可以很好地利用已经拥有的品牌资产，给农业科技企业的新产品营销带来较大的溢价。这充分说明了农业科技企业塑造品牌形象的重要性和必要性。比如鲁花、金龙鱼等品牌都将品牌延伸到了油类的所有产品，这对于公司新产品的推广起到了很好的作用。但是值得注意的是，农业品牌延伸利用需要有所为有所不为，农业科技企业只能在维护品牌在消费者心中的形象的基础上，进行适当的延伸，否则过度延伸就会有损品牌形象，从而让农业科技企业得不偿失。

3.2.2 农业科技企业塑造品牌形象的力度不均

现阶段有部分农业科技企业的品牌营销还主要依赖企业产品或服务的质量声誉的自然传播，由于企业不注重企业品牌形象的塑造，造成了农业科技企业品牌营销较难进行，因为在这种情况下，消费者感知的是企业产品或服务的质量，而会忽略农业科技企业产品或服务的品牌。这就给农业科技企业的后续营销宣传造成了障碍，在一定程度上影响了农业科技企业品牌营销的效果。这种情况又进一步影响到了农业科技企业进行品牌营销的积极性，从而使农业科技企业的品牌营销状况陷入恶性循环。但是在生活中，消费者也能够罗列出一些耳熟能详的农业科技企业品牌名称，比如金龙鱼、北大荒、阳澄湖等，这说明有些农业科技企业品牌形象的塑造还比较成功，这些知名品牌形象为企业的营销活动提供了很大的方便，而且也为消费者选择产品提供了有益的信息参考。但是从整体上来看，在消费者心中，农业科技企业的品牌形象还是偏少。从农业科技企业的角度来说，农业科技企业的知名品牌形象相对于农业科技企业的数量来说也是偏少的，特别是中小规模的农业科技企业，不是很注重品牌形象的塑造。从以上分析可以看出，农业科技企业塑造品牌形象的力度不均，这既给本研究带来了研究空间，也带来了一定的挑战。

3.2.3 农业科技企业品牌定位有待加强

现阶段大部分农业科技企业产品或服务的品牌定位比较模糊，较少能够针对不同需要的消费者提供不同层次的产品或服务，这种情况可能会让农业科技企业失去较好的潜在需求，浪费较好的营销机会。农业科技企业的粗放型品牌定位可能会让消费者感觉到没有针对性、吸引力和归属感，从而可能会导致消费者对农业科技企业品牌的较低认知度和忠诚度，进而影响到农业科技企业品牌营销的效果。在这种情况下，农业科技企业需要针对不同层次的消费者，进行市场细分，从而针对不同的细分市场提供有特色和吸引力的产品或服务，增加农业科技企业产品或服务的附加值，进而提升农业科技企业品牌营销的效果。现阶段，也有部分农业科技企业开始注重品牌定位，比如阳澄湖大闸蟹就会为不同层次的消费者提供不同等级的产品。但是从整体上来看，农业科技企业的品牌定位还需要进一步加强。

3.2.4 农业科技企业品牌资产意识不足

农业科技企业品牌资产方面的讨论主要聚焦于农业科技企业涉及兼并重组时，农业科技企业的品牌资产价值评估。在企业并购过程中，品牌可以作为一种无形资产而具有现实的价值，特别是著名的品牌，其无形的品牌价值可能超过企业的有形资产。品牌资产作为企业的一种无形资产，通过市场化运作可以为企业带来丰厚的收益。较多从事基础产品生产的农业科技企业品牌通过与产业链下游的农业科技企业品牌进行品牌联合，可以利用品牌联合效应提升品牌的知名度与美誉度，这样既提高了农业科技企业产品的市场占有率，又提升了农业科技企业的品牌资产和价值。还有农业科技企业在涉及企业兼并重组时，农业科技企业价值的评估较少关注农业科技企业的品牌资产，这样的资产运作容易让一些老字号品牌消失。现阶段，农业科技企业在进行兼并重组时，特别是与外资相关的兼并重组时的品牌资产意识不足，从而使一些老字号的农业科技企业品牌失去了昔日的辉煌，甚至消失。由此可见，农业科技企业品牌资产意识不足，这不仅会让农业科技企业的价值评估不合理，而且也会让一些老字号品牌在消费者心中消失。

3.2.5 农业科技企业品牌关系还处在萌芽状态

品牌关系主要涉及品牌与品牌、消费者与品牌、产品与品牌、营销者与品牌、其他利益相关者与品牌等关系类型，其中处于核心地位的依然是消费者与品牌的关系。现阶段农业科技企业较少关注品牌关系，对于消费者与品牌的关系，有部分农业科技企业通过农业科技企业的社会责任的实践，提升消费者对农业科技企业品牌的认知度，加强消费者与品牌的关系。但是相当数量的农业科技企业较少针对某一层次或者某一细分市场的消费者进行品牌与消费者的互动，品牌关系的处理还比较粗放，处于萌芽状态。至于品牌关系的其他内涵，比如品牌与品牌、产品与品牌等关系，大部分农业科技企业处理品牌关系时尚未涉及以上领域。这主要与农业科技企业品牌营销的整体层次相关，但是品牌关系在农业科技企业的品牌营销中具有广阔的发展空间，应该引起农业科技企业的关注。

3.3 农业科技企业品牌营销的作用

农业科技企业品牌营销可以给农业科技企业带来诸多好处，对提升农业科技企业的知名度、竞争力、整合能力、农业产业化、区域经济发展等都具有深远的影响。具体体现在以下方面。

3.3.1 提升农业科技企业的知名度

农业科技企业通过建立产品或服务的品牌，并通过多种传播渠道进入消费者的视线，从而引起消费者的关注，同时，也会引起农业科技企业的其他相关利益者关注，比如竞争对手、供应链的上下游企业等。农业科技企业的这些相关利益者对农业科技企业品牌营销的关注，自然会提升农业科技企业自身的知名度。

3.3.2 提升农业科技企业的竞争力

农业科技企业在产品或服务的品牌化过程中，必定会对产品或服务注入更多的元素，比如科技创新、形象设计、营销渠道等，这就在整体上提升了农业科技企业产品或服务的层次，具有更多的企业特色，从而增强企业的多元化与差异化能力。农业科技企业的多元化与差异化能力又可能会强化农业科技企业的品牌能力，从而形成品牌发展的良性循环，提升企业的竞争力。

3.3.3 提升农业科技企业的整合能力

农业科技企业通过品牌营销构建自身的品牌力，这种品牌力在农业科技企业相关的产业链整合过程中可以很好地发挥其影响力。这一方面体现了农业科技企业品牌资产的价值，另一方面给农业科技企业带来了非常好的发展机遇。现阶段，农业科技企业的实力正在加强，并已经呈现出农业龙头企业的强势发展劲头，中小农业科技企业百花竞放的良好发展局面。在这种形势下，农业科技企业很有可能迎来兼并重组的发展阶段，这更能体现出品牌营销在提升农业科技企业的整合能力中的作用。

3.3.4 提升农业产业化水平

农业科技企业通过品牌营销提升自身的知名度、竞争力以及整合能力等。这一方面会给农业科技企业带来规模经济与范围经济，从而农业科技企业可能会加快规模扩张和区域扩张；另一方面会给农业科技企业带来产业链延伸的机会，从而农业科技企业可能会加快产业链的整合。这两方面带给农业科技企业的发展机遇，能够提升农业产业化的水平。

3.3.5 加快区域经济发展

农业科技企业通过品牌营销增强自身竞争力、农业产业化水平的同时，能够带动农户的生产积极性，改善农户的生产水平，从而给农户带来经济实惠，提升农户的收入水平，这一方面促进了社会主义新农村的建设，另一方面也加快了区域经济的发展，特别是农业经济的发展。而且农业科技企业的品牌营销，特别是具有地域特色的品牌营销，还能够带动农业科技企业所在地区的产业集群发展，从而发挥农业科技企业的区域特色优势，加快区域经济的发展。

3.3.6 保障食品安全

农业科技企业通过品牌营销，建立企业的品牌形象，形成企业的品牌资产，对企业有较大的自我约束效果，这在一定程度上保证了农业科技企业提供产品或服务的品质。农业科技企业投入越多的资源能力建立品牌，就会越关注企业的产品或服务的品质，否则品牌投入会因为产品或服务出现问题而功亏一篑，如众人皆知的“三鹿奶粉”事件等，这说明知名品牌出现产品问题后具有很大的风险，从而就会约束这些知名品牌的所有企业重视产品的品质。对于农业科技企业来说，尤其要重视产品的品质，这在很大程度上关系到食品安全问题。农业科技企业品牌营销，一方面形成了对自身行为的约束与激励，从而为广大消费者提供高品质的安全产品；另一方面，农业科技企业的品牌营销也给消费者的选择提供了重要的指引作用，在这种食品安全问题比较严重的情况下，这种知名品牌的指引作用更加明显。

3.3.7 提升农业科技企业的业绩

农业科技企业进行品牌营销的直接原因和最大激励就是品牌营销能够提升企业的业绩。如果品牌营销不能提升企业的业绩，农业科技企业就不可能重视品牌营销。品牌营销可以发挥农业科技企业产品的规模经济和范围经济效应，从而扩大农业科技企业的产品市场占有率和市场空间，从而降低产品的固定成本，这样既增加了每单位农业科技企业产品的利润空间，又丰富了农业科技企业的利润来源。虽然农业科技企业的品牌营销也会给企业增加一定的成本，但是相对于品牌营销的收益来说，增加的成本可能只占一小部分。因此，我们说农业科技企业的品牌营销能够提升农业科技企业的业绩。

3.4 农业科技企业品牌营销策略的一般影响因素

品牌营销（Brandmarketing），是通过市场营销使客户形成对企业品牌和产品的认知过程，是企业要想不断获得和保持竞争优势，必须构建的高品位营销理念。最高级的营销不是建立庞大的营销网络，而是利用品牌符号，把无形的营销网络铺建到社会公众心里，把产品输送到消费者心里，使消费者选择消费时认这个产品，投资商选择合作时认这个企业，这就是品牌营销。而品牌营销策略是实现品牌营销目的的具体实施计划。品牌营销策略的选择和实施，在某种程度上是实现品牌营销的关键。品牌营销策略是品牌营销与具体执行之间必不可少的环节。从某种程度上说，策略比具体执行更重要，甚至比战略更重要。在诸多行业中，农业相对来说是比较特殊的行业，农业科技企业的经营和发展环境具有一定的独特性，但是农业科技企业也具有其他类别企业的一般性。影响农业科技企业品牌营销的因素众多，比如农业科技企业的资源能力、市场导向、经营环境等。农业科技企业品牌营销的影响因素主要有以下方面。

3.4.1 农业科技企业的资源能力

品牌营销对资源能力的要求较高，农业科技企业进行品牌营销需要给营销部门配置较多的资源。品牌营销的成本主要包括人力成本、财务成本等，农业科技企业如果没有充足的人力与财力作为保障，其品牌营销就会空心化，不能取得预期的效果。而且品牌营销是一个系统化的工程，它还涉及农业科技企业产品的品质、供应链的协同保障能力等，这就更加突显了农业科技企业资源能力的重要性，因为资源能力会影响到农业科技企业品牌营销的各个方面，所以说农业科技企业的资源能力对农业科技企业的品牌营销的影响非常深远，可以说是基础性与决定性的影响。

3.4.2 农业科技企业的市场导向

市场导向反映农业科技企业对市场的态度，市场导向较好的农业科技企业会将消费者的需求放在首要位置，从消费者的角度指导企业的运营，故市场导向较好的农业科技企业，其品牌营销也会较好。反之，如果农业科技企业的市场意识淡薄，就会出现“酒香不怕巷子深”的传统观念，那么农业科技企业就会忽视企业的品牌营销。因此，我们认为市场意识对农业科技企业品牌营销的营销作用主要体现在农业科技企业的市场态度、市场理念等方面，而且这种影响也是决定性的和深远的。

3.4.3 农业科技企业的经营环境

品牌营销需要良好的市场环境作为支撑。现阶段我国社会主义市场经济的制度建设与法治执行还比较欠缺，市场中存在一些品牌仿冒等有违市场公平竞争的行为，特别是农业科技企业，由于涉及一些比较偏远、经济欠发达地区，这些地方的法治意识比较淡薄，假冒伪劣情况较为严重，对农业科技企业的品牌营销构成了一定的困难，这给农业科技企业的品牌营销带来了更大的挑战。所以说，农业科技企业的经营环境对农业科技企业的品牌营销也具有一定的影响力。

3.4.4 农业科技企业的产品类型

产品类型对农业科技企业的品牌营销具有很大的影响，一般农业科技企业提供的产品可以包含在较多的分类概念之中，比如快速消费品、日常必需品、鲜活产品、食品原材料等。对于面向大众消费者的农业产品，农业科技企业的品牌营销与其他类别的一般企业的品牌营销类似，但是如果原材料类型的产品，农业科技企业的品牌营销则应该有所针对性。另外，具有农业科技企业特色的鲜活产品则需要根据产品的季节性和特殊性等对农业科技企业的品牌营销进行有针对性的调整。由此可见，农业科技企业产品类型的多样性和特殊性会影响到农业科技企业的品牌营销。

根据 2.2.1 和 2.1.2 两节对动态能力和市场导向相关文献的回顾分析，本研究认为，动态能力和市场导向对农业科技企业品牌营销策略的影响具有普适性，而经营环境和产品类型等影响因素具有特殊性，与不同行业、不同地域的企业有关。因此，本研究重点研究农业企业的动态能力和市场导向对品牌营销策略的影响。

3.5 本章小结

本章共阐述了农业科技企业的定义与特征、农业科技企业品牌营销的现状、农业科技企业品牌营销的作用以及农业科技企业品牌营销的影响因素等四个方面的内容。这四个方面的内容为本研究的后续研究奠定了坚实的基础。本章首先结合现有文献与本研究的特点对农业科技企业的内涵进行了界定，并在此基础上阐述了什么企业可以归类为农业科技企业，为本研究的样本选择提供了理论依据。其次，本章从农业科技企业塑造品牌形象的力度不均、农业科技企业品牌定位有待加强、农业科技企业品牌延伸利用较好、农业科技企业品牌资产意识不足、农业科技企业品牌关系还处在萌芽状态等五个方面分析了农业科技企业品牌营销的现状。再次，本章从提升农业科技企业的知名度、提升农业科技企业的竞争力、提升农业科技企业的整合能力、提升农业产业化水平、加快区域经济发展、保障食品安全、提升农业科技企业的业绩等七个方面阐述了农业科技企业品牌营销的作用。最后，本章分析了农业科技企业品牌营销的影响因素：农业科技企业的资源能力、农业科技企业的市场导向、农业科技企业的经营环境以及农业科技企业的产品类型。

本章对农业科技企业的特征与品牌营销的分析，不仅梳理了农业科技企业品牌营销的现状、作用以及影响因素，更重要的是为本研究构建理论模型与实证分析提供了非常重要的参考信息，对本研究来说具有十分重要的价值。

4 第四章 农业科技企业品牌营销策略影响因素理论模型

4.1 农业科技企业的品牌营销策略

根据本研究对品牌营销理论的综述，我们已经将品牌营销理论分为五个方面进行了阐述，即品牌营销理论主要包括品牌形象理论、品牌定位理论、品牌延伸理论、品牌资产理论以及品牌关系理论，同时我们也已经论述了品牌营销理论对于农业科技企业品牌营销策略的重要意义。从品牌营销理论的综述来看，本研究发现品牌营销理论的划分正好切合了不同的品牌营销策略，即品牌形象理论对应品牌形象营销策略、品牌定位理论对应品牌定位营销策略、品牌延伸理论对应品牌延伸营销策略、品牌资产理论对应品牌资产营销策略以及品牌关系理论对应品牌关系营销策略。因此，本研究总结归纳了品牌形象营销策略、品牌定位营销策略、品牌延伸营销策略、品牌资产营销策略以及品牌关系营销策略等五个营销策略。对于农业科技企业来说，这五个策略是不是都适用于农业科技企业发展的现状，是不是都适合我国农业科技企业发展的环境，是不是都符合利益相关者的认知偏好，特别是消费者的认知偏好等，我们需要结合农业科技企业的具体情况、我国的市场环境、经济发展情况等进行具体的分析。

4.1.1 品牌形象策略

由品牌形象理论可知，企业的品牌营销不仅要关注企业提供的产品或服务本身，而且还要关注企业产品或服务品牌的相关形象，比如企业产品或服务的顾客体验效果、顾客感知价值、象征意义等，以将企业品牌塑造成企业与消费者共同期望的样子。由此可见，品牌形象对于品牌营销来说具有非常重要的意义。农业科技企业利用品牌形象策略进行品牌营销能够在消费者心目中树立良好的品牌记忆，进而可以引导消费者的购买行为，还可以进一步增强消费者对于农业科技企业的品牌忠诚度。农业科技企业的品牌形象营销策略具有长期的战略意义，对企业新产品的发布、企业营销业绩的持续改善具有十分重要的作用。因此，本研究认为品牌形象策略是农业科技企业不可或缺的营销策略之一。

4.1.2 品牌定位策略

由品牌定位理论可知，企业的品牌营销主要涉及企业、消费者以及竞争者三方的博弈，品牌营销给企业提供了多元化、差异化的品牌策略空间的同时，也为消费者提供了多样化的选择空间。企业的品牌营销也加剧了企业与竞争者之间的品牌策略的博弈。由此可见，品牌定位为企业的品牌营销运用多元化、差异化的品牌营销策略提供了广阔的空间。农业科技企业利用品牌定位策略进行品牌营销能够避免与竞争者形成同质竞争，同时也能够满足不同消费者对产品的需求，为农业科技企业的多元化和差异化发展道路拓展空间。这说明农业科技企业的品牌定位策略对于农业科技企业的发展具有非常重要的作用。所以，本研究认为品牌定位策略是农业科技企业十分重要的营销策略之一。

4.1.3 品牌延伸策略

由品牌延伸理论可知，企业的品牌营销可以运用企业已经具有的知名品牌，为新产品的营销提供优势，品牌延伸是企业推出新产品比较常用的品牌策略之一，也是企业合理使用自身品牌资产的表现形式之一。但是品牌延伸也具有相当大的风险，如果品牌延伸到新产品之上，新产品的市场表现不佳，会影响到企业著名品牌的形象和根基。品牌延伸作为最受欢迎的品牌策略之一，其成功与否很大程度上取决于消费者对延伸产品的评估，而延伸产品评估又取决于消费者对延伸产品与母品牌的契合程度（fit）的感知（Volckner 和 Sattler，2006）。那么消费者的解释水平是否对其进行品牌延伸评估的合理性造成影响，是值得存疑的，因为在品牌延伸评估过程中，解释水平将影响到消费者选取什么样的信息和关切什么样的价值来评估契合程度以及延伸产品。截至目前，仅有少数研究涉及契合与品牌延伸评估关系的调节变量，如文化因素（Bottomley 和 Holden，2001；Han 和 Schmitt，1997）、自我调节因素（Yeo 和 Park，2006）和竞争因素（Oakley，Duhachek 和 Balachander，2008）。由此可见，品牌延伸为企业新产品的发布提供了便利的通道，但是品牌延伸策略不能乱用。农业科技企业利用品牌延伸策略进行品牌营销可以为农业科技企业的新产品发布提供方便，节约农业科技企业的营销成本，如果运用得当，还可以巩固农业科技企业已有品牌在消费者心目中的地位，这可以让农业科技企业更好地进行市场推广，从而有利于农业科技企业的持续发展。因此，本研究认为品牌延伸策略对农业科技企业的发展具有十分重要的意义。

4.1.4 品牌资产策略

由品牌资产理论可知，企业的品牌营销可以为企业形成一种无形资产，这种无形资产主要是通过资本市场的表现所体现出来的。品牌资产理论基于品牌的无形价值，可能会对消费者产生一定的潜移默化的指引作用，也可能会对企业的整体价值形成重要的影响。对于农业科技企业来说，现阶段很少有企业以品牌营销的形式提升企业的价值，至少这种现象在本研究预研究的案例样本中没有体现出来。我们并不否认品牌资产理论能够对农业科技企业具有一定的指导作用，但是基于品牌资产理论的品牌资产策略对农业科技企业的作用既不能体现其对农业科技企业发展的积极指引，又不具有现实的普遍性，所以本研究认为品牌资产策略不适合现阶段农业科技企业发展和运营的现实情况，对其研究的意义和价值不大，故本研究后续研究的农业科技企业品牌营销策略不包括品牌资产策略。

4.1.5 品牌关系策略

由品牌关系理论可知，企业的品牌营销主要涉及品牌与品牌、消费者与品牌、产品与品牌、营销者与品牌、其他利益相关者与品牌等关系。这说明企业的品牌并不是一个孤立的符号象征，它是一个系统化的成果，并且与企业的产品、营销者、消费者等构成了网络化的结构关系，它们相互作用，相互影响。由此可见，品牌关系对企业处理各利益相关者之间的关系提供了很好的处理方式。品牌关系可以对顾客在感知情节利益、感知关系利益、感知情节成本以及感知关系成本等方面产生影响，从而影响顾客的感知价值，影响顾客的满意度，最终能够对顾客的购后行为产生影响（姚作为和刘人怀，2010）。农业科技企业利用品牌关系策略进行品牌营销为农业科技企业处理品牌关系提供了较好的方式。在我国的社会文化背景下，品牌关系对于农业科技企业具有非常重要的意义。在诸多的品牌关系中，每种品牌关系都对农业科技企业具有非常重要的意义，比如处理好品牌与品牌的关系能够使品牌之间具有差异化属性，从而减少企业的品牌之间的干扰，在消费者心中留下清晰的印象。因此，本研究认为品牌关系策略对于农业科技企业的品牌营销具有十分重要的意义。

综上所述，本研究认为适合农业科技企业品牌营销的策略主要包括品牌形象策略、品牌定位策略、品牌延伸策略以及品牌关系策略等四个策略。这四个品牌营销策略从不同视角促进了农业科技企业的品牌营销。本研究通过理论推导总结出的这四个适合农业科技企业品牌营销的营销策略对本研究构建农业科技企业品牌营销策略影响因素理论模型和农业科技企业品牌营销策略与营销绩效的理论模型奠定了坚实的基础。

4.2 农业科技企业品牌营销策略的重要影响因素

根据 2.2.1 节与动态能力相关的文献分析，从 Barney（1986，1991）提出的静态的资源基础观（Resource-based View），认为动态能力是企业可以掌控的具有异质性、持久存在、有价值的、稀缺的、难以模仿的和不可替代的资源和能力并能以此获取竞争优势，到 Priem 和 Butler（2001）以及 Teece 和 Pisano（1994）提出的被认为是资源基础观的延伸的动态能力的观点，体现出学术界对企业动态能力的认识逐渐深化。企业整合、建立、重置企业内部和外部的资源以应对快速变化的环境的能力（Teece et al.，1997）深刻刻画出了动态能力的本质特征：一是企业的“能力”，即获取竞争优势，对解释企业的竞争优势具有十分重要的作用；二是应对外部快速变化的动态环境，这与农业科技企业品牌营销的动态环境十分吻合；三是强调企业自身建设的结果是基于组织惯例与流程的能力创造和逐步演进而形成的，这与农业科技企业品牌营销的长期性、动态性等十分相似；四是动态能力的异质性建立在企业独特的路径、唯一的资产定位以及特别的程度之上，企业动态能力的这些特性使得其与企业营销特别是品牌营销具有一定的相关性。而且，一些研究认为企业动态能力能够影响企业的营销策略，但企业动态能力是直接还是间接地影响企业的营销策略，对企业的营销策略是正面还是负面的影响，需要在研究中进一步探索。因此，本研究认为农业科技企业的动态能力是品牌营销策略的重要影响因素之一。

根据 2.2.2 节与市场导向相关的文献分析，市场导向是企业挖掘消费者需求和价值的一种能力，它既能对企业市场营销特别是品牌营销产生重要的影响，同时它也可能导致企业的技术短视，从而给企业带来致命的打击。它对企业产品市场营销绩效的影响作用可能是正向的，也有可能是负向的，市场导向的不同维度对企业产品的市场营销绩效影响会随着研究环境、样本差异等方面的不同而表现出多种不同的结论，这需要进一步去研究。因此，农业科技企业的市场导向是品牌营销策略的重要影响因素之一。

本研究重点研究农业科技企业的动态能力和市场导向这两个企业品牌营销策略的影响因素以及其对企业品牌营销策略的影响机理。

4.2.1 农业科技企业的动态能力

4.2.1.1 农业科技企业动态能力之资源能力

根据 Priem 和 Butler（2001）以及 Teece 和 Pisano（1994）的观点，本研究认为农业科技企业的动态能力一方面以农业科技企业的资源为基础，另一方面包含了农业科技企业利用资源能力应对快速变化环境的能力。这就说明对农业科技企业动态能力的阐述，需要我们从两个方面对农业科技企业进行分析：一是农业科技企业所拥有的资源能力，二是农业科技企业如何面对快速变化的环境。

首先，本研究阐述农业科技企业的资源能力，根据 Barney（1986，1991）提出的资源基础观的思想，企业的资源能力需要具备有价值的、稀缺性的、难以模仿的以及不可替代的属性才能给企业带来竞争优势。对于农业科技企业来说，具备这些属性的资源能力一般体现在以下方面。

1. 国土资源

土地是农业之本，现阶段，土地资源日益稀缺，随着我国城市化进程的不断推进，土地的稀缺性会越来越明显，那么土地资源就会在农业科技企业的发展过程中处于越来越重要的地位，其农业科技企业动态能力属性的特点就会更加凸显。本研究所指的国土资源主要是能够为农业科技企业所用的资源，不强调其产权归属。

2. 农户关系

农户既可以是农业科技企业的上游供应商，也可以是农业科技企业的下游消费者，因此，农户资源对于农业科技企业来说，具有十分重要的作用，而且，农业科技企业与农户的关系具有区域锁定效应，这种关系一旦形成，其他农业科技企业就较难化解，农业科技企业所具有的这种农户资源就构成了农业科技企业的竞争优势。

3. 人力资源

人力资源对于每种类型的企业来说，都很重要，但是对于农业科技企业来说，显得尤为重要。由于我国传统文化的影响，愿意从事农业相关工作的高级人才非常稀缺，特别是农业科技创新方面的高级人才，尤其稀缺。这就说明人力资源，特别是高级人力资源对于农业科技企业来说显得更加珍贵。

4. 社会资本

由于我国的文化特色与经济发展的特色轨迹，社会资本对于企业的发展具有非常重要的作用，特别是对于涉及广大农户与消费者的农业科技企业来说，社会资本的效用更加重要。社会资本主要涉及企业与政府的关系、企业与相关资源拥有者的关系、企业与销售渠道的关系、企业与顾客的关系等能够影响企业发展的关系。

4.2.1.2 农业科技企业动态能力之利用资源能力应对环境变化能力

本研究认为国土资源、农户资源、人力资源和社会资本是构成农业科技企业资源能力的重要组成要素，这些资源能力直接关系到企业的生存发展，而且具有一定独特性，不容易被其他企业复制。农业科技企业的资源能力是农业科技企业动态能力的前提，如何利用农业科技企业的资源能力应对农业科技企业面临的快速变化的环境，是农业科技企业动态能力的核心内容。接下来，本研究进行相关阐述。

根据 Teece（1997，2000，2007）以及相关学者对动态能力的研究，结合农业科技企业自身的特点，农业科技企业利用资源能力应对快速变化的环境的能力主要体现在以下方面。

1. 应对市场变化

市场对于农业科技企业的意义与其他类型企业的意义一样，都决定企业的生存与发展。现阶段，农业科技企业的市场环境也处在快速变化的过程中，随着我国经济社会的又好又快发展，人们生活水平的日益改善，消费者对于农业相关产品的要求越来越高，再加上现在食品安全问题比较复杂，这既给农业科技企业的营销带来了机会，同时也给其带来巨大的挑战。在这种情况下，农业科技企业的动态能力即农业科技企业如何利用自身的资源能力优势去应对市场的变化就显得愈发重要。

2. 整合资源能力

农业科技企业的资源能力主要涉及国土资源、农户关系、人力资源以及社会资本等，发挥这些资源能力的协同效应对农业科技企业获取竞争优势具有非常重要的意义。农业科技企业可以将国土资源与农户关系进行整合，从而提升国土资源的利用效率，也可以给农户增加收入，这样双赢的整合效果能够增强农业科技企业与农户关系之间的锁定效应。农业科技企业的社会资本则可以全面影响农业科技企业的经营活动，比如资源获取、市场推广等，所以农业科技企业需要发挥社会资本的效用与企业的其他资源能力进行整合，从而从整体上提升农业科技企业的竞争优势，以应对快速变化的环境。

3. 改造组织惯例

农业科技企业动态能力的体现还是需要企业形成系统的组织惯例去引导企业的员工发现企业经营环境的变化，并且还要引导员工整合企业的资源能力去应对企业经营环境的变化。这就对农业科技企业的组织惯例提出了很高的要求，而企业组织惯例的改变也是企业具有动态能力的体现，这就说明农业科技企业的动态能力与组织惯例形成了良性的循环，两者呈现螺旋式的上升，从而让农业科技企业能够较好地应对环境快速的变化。

综上所述，本研究已经从两个方面对农业科技企业的动态能力进行了论述：一是农业科技企业所拥有的资源能力；二是农业科技企业如何面对快速变化的环境。这两个方面共同构成了农业科技企业的动态能力。

4.2.2 农业科技企业的市场导向

农业科技企业的市场导向就是通过农业科技企业的组织文化和行为去引导企业的员工更好地理解顾客的需求、竞争活动以及市场趋势等，从而帮助农业科技企业获取竞争优势以及更好地为农业科技企业的营销活动服务。农业科技企业的市场导向主要体现在顾客导向、竞争者导向、市场信息处理以及职能协调等方面。

接下来进行详细的阐述。

1. 顾客导向

农业科技企业需要不断关注顾客需求的变化，并通过自身产品的改进与开发满足顾客不断变化的需求。农业科技企业还需要不断挖掘潜在的消费者以及消费者的潜在需求，从而为企业提供更广阔的发展空间，同时企业也能够永立市场潮头，让企业持续地发展。

2. 竞争者导向

农业科技企业在以顾客为导向的同时，也应该关注竞争者。竞争者不仅与企业抢夺顾客，而且还会从多个方面与企业形成竞争。因此，农业科技企业关注竞争者的动态，不仅能够知己知彼，还可以基于顾客的需求提供差异化和多元化的产品，以避免与竞争者形成同质竞争。

3. 市场信息处理

农业科技企业做到以顾客为导向与以竞争者为导向需要对市场信息进行合理的处理，处理的步骤主要是收集与企业现有与未来的顾客需求及竞争者相关的市场信息；企业将收集到的市场需求信息在各部门间进行传播、转移和扩散；企业层面上对市场需求信息的反应。农业科技企业通过对市场信息的处理可以帮助企业更好地理解顾客的需求和竞争者的行为，以便农业科技企业基于市场信息做出合理的决策。

4. 职能协调

农业科技企业实现顾客导向、竞争者导向以及市场信息处理等都需要企业各职能部门的通力合作，而其合作的基础就是给农业科技企业的各个相关部门分配基于市场导向的愿景和目标。农业科技企业的相关部门在市场导向的愿景和目标的指导下进行协调，从而实现企业的市场导向目标。

从以上分析可知，农业科技企业的市场导向主要涉及顾客导向、竞争者导向、市场信息处理以及职能协调等方面，这四个方面的内容构成了农业科技企业的市场导向。

4.2.3 农业科技企业的吸收能力

本研究已经通过文献回顾分析出，关于企业的吸收能力，现有文献中被广泛接受的是 Cohen 和 Levinthal（1990）给出的定义，他们认为企业吸收能力就是企业识别、评价、消化和应用外部知识资源的能力。同时，他们也认为吸收能力是企业创新活动和问题解决活动的附属收益，而且企业的吸收能力是企业员工个体吸收能力的集合。Zahra 和 George（2002）延伸了该定义，并吸收了 Teece（2000）的企业动态能力的观点，认为企业吸收能力是企业获取、消化、转化以及应用外部知识资源从而形成企业动态能力的惯例与流程，并且他们将吸收能力分为潜在的吸收能力和现实的吸收能力，潜在的吸收能力是对企业外部的知识资源的识别、获取和消化；现实的吸收能力是企业对获取的知识资源进行转化与应用的能力。从以上关于企业吸收能力定义的综述可以看出，农业科技企业吸收能力也就是农业科技企业识别、评价、消化和应用外部知识资源的能力。通过对农业科技企业吸收能力的含义分析，我们可知农业科技企业的吸收能力主要体现在三个方面：一是农业科技企业获取知识资源的能力；二是农业科技企业消化知识资源的能力；三是农业科技企业应用知识资源的能力。根据 Cohen 和 Levinthal（1990）的观点，农业科技企业的吸收能力主要是农业科技企业员工的吸收能力的集合。因此，本研究对农业科技企业吸收能力的研究主要是基于企业员工的个体吸收能力而进行的研究，主要探讨农业科技企业员工个体的吸收能力对农业科技企业相关活动的影响。对于农业科技企业的员工个体来说，其吸收能力具体体现为识别、评价、消化和应用企业内外部资源的能力。本研究认为只有农业科技企业的员工具有识别、评价、消化和应用企业内外部资源的能力，农业科技企业才会具有这种能力。具体来说，农业科技企业的资源能力、市场导向等，如果不能被企业的员工识别、评价、消化和应用，那么农业科技企业的动态能力和市场导向就不能体现在农业科技企业的具体运营的过程中，进而动态能力和市场导向就没有发挥应有的效用，影响农业科技企业的生存和发展。所以，本研究将农业科技企业员工的个体吸收能力作为研究对象，不仅是农业科技企业客观情况的真实反映，同时也具有十分重要的研究价值。

4.3 农业科技企业品牌营销策略影响因素的作用机理分析

本研究基于农业科技企业营销的视角已经提炼出了农业科技企业动态能力和农业科技企业市场导向两个影响品牌营销策略的因素，同时引入了吸收能力的概念，探讨农业科技企业的吸收能力在品牌营销策略的作用机理中所起的作用。基于品牌营销理论和农业科技企业的现状，已经归纳出了四个适合农业科技企业的品牌营销策略，即品牌形象策略、品牌定位策略、品牌延伸策略以及品牌关系策略。阐述农业科技企业动态能力和农业科技企业市场导向对品牌营销策略的影响就是阐述二者对农业科技企业品牌形象策略、品牌定位策略、品牌延伸策略以及品牌关系策略的影响。接下来，本研究详细阐述农业科技企业动态能力和农业科技企业市场导向对农业科技企业品牌营销策略的影响机理，从而为本研究构建农业科技企业品牌营销策略影响因素理论模型做好铺垫。

本研究已经通过理论推导并结合农业科技企业的实际，总结出了农业科技企业动态能力主要包括国土资源、农户资源、人力资源和社会资本等资源部分和应对市场变化、整合资源能力和改造组织惯例等能力部分。农业科技企业动态能力是以农业科技企业的资源为基础，利用这些资源应对企业环境变化的能力。这表明农业科技企业的动态能力主要体现在“能力”上。农业的市场导向主要涉及顾客导向、竞争者导向、市场信息处理以及职能协调等方面的内涵。接下来，我们主要结合上述的农业科技企业动态“能力”和市场导向的内涵对品牌营销策略的影响进行详细的阐述。

4.3.1 农业科技企业市场导向和动态能力对品牌形象策略的作用机理

品牌形象策略主要聚集于农业科技企业的品牌在消费者心中的形象和影响力。由于经济发展和社会进步，消费者对品牌的认知也与时俱进。如果农业科技企业的品牌形象不能跟上经济社会的发展步伐，那么农业科技企业的品牌形象在消费者心中的地位就会逐渐衰弱。另外，消费者群体本身也具有代际更迭的社会发展规律。因此，这就要求农业科技企业能够根据经济社会的发展不断地更新企业的品牌形象，以维护企业的品牌形象在消费者心中的良好形象和影响力。那么农业科技企业如何进行品牌形象的更新？本研究认为农业科技企业的市场导向和动态能力都能够对农业科技企业品牌形象的更新产生重要的影响。

首先，农业科技企业可以在通过顾客导向为消费者提供服务的同时，从消费者那里获取有价值的市场信息，然后通过市场信息处理分析消费者对企业品牌形象认知的变化，再通过企业内部不同部门的职能协调提出切实可行的整改方案，从而基于市场导向提出企业品牌形象更新的解决方案。所以，本研究认为农业科技企业的市场导向对于品牌形象策略具有十分重要的影响作用。

其次，本研究认为农业科技企业的动态能力能够起到很大的促进作用。农业科技企业可以利用应对市场变化的能力及时发现消费者对品牌形象认知的变化，特别是挖掘消费者对新的品牌形象的偏好，在此基础上，农业科技企业发挥整合资源的能力和改造组织惯例的能力，以消费者的品牌形象偏好为基准，更新农业科技企业的品牌形象，从而让企业的品牌形象能够一直得到消费者的认可，并在消费者群体中发挥企业品牌形象的影响力。因此，本研究认为农业科技企业的动态能力对农业科技企业的品牌形象营销策略具有非常重要的影响作用。

由此可知，农业科技企业的市场导向和动态能力都对企业的品牌营销策略具有重要的影响作用。

4.3.2 农业科技企业市场导向和动态能力对品牌定位策略的作用机理

品牌定位策略主要是基于农业科技企业多元化、差异化的发展理念，以不同的消费者群体需求不同的产品为契机。品牌定位策略的核心是企业的品牌定位与目标消费群体要相互匹配。现阶段，随着经济社会的不断发展，消费者的需求呈现出多样化的趋势，不同的消费者群体对同类产品呈现出不同的期望，比如，不同的消费群体对产品的品质、价格、包装等方面的敏感程度不同。这就给农业科技企业的品牌定位提供了广阔的空间。农业科技企业如何通过品牌定位策略来满足不同消费群体的需求？本研究认为农业科技企业的市场导向和动态能力能够较好地解决这一问题。

首先，农业科技企业通过顾客导向了解不同消费群体的具体需求，通过竞争者导向掌握竞争力在满足不同层次消费者需求方面所实行的战略措施，在此基础上，农业科技企业进行市场信息分析，全面掌握同类产品的市场细分、市场竞争、市场机遇等方面的情况，然后，通过职能部门的协调合作，分析出农业科技企业产品在市场细分中的产品定位，从而选定农业科技企业的目标市场，进行差异化品牌营销。这说明农业科技企业的市场导向对品牌定位策略具有很好的指导作用。

其次，消费者的需求具有动态变化的特征，农业科技企业应对市场变化的能力在这方面显得尤其重要，主要体现在农业科技企业通过市场导向及时挖掘消费者需求的变化，然后发挥农业科技企业应对市场变化的能力，通过整合农业科技企业的相关资源，并且协调好农业科技企业各部门的行动，满足消费者不断变化的需求。

由此可知，农业科技企业的市场导向和动态能力都对农业科技企业的品牌定位策略产生重要的作用。

4.3.3 农业科技企业市场导向和动态能力对品牌延伸策略的作用机理

品牌延伸策略主要指农业科技企业实行产品多元化、产品组合战略时，将企业已有知名品牌应用在新产品上。农业科技企业将已有知名品牌在新产品上使用是一种收益与风险并存的行为。其一，农业科技企业将知名品牌应用到新产品上，可以为企业的新产品提高知名度，让其迅速占领目标市场，同时也降低了营销成本；其二，农业科技企业对新产品进行品牌延伸后，如果新产品没有达到目标消费者的期望，那么这样就会损害企业已有知名品牌在消费者心中的形象和地位，从而影响到企业品牌的价值。农业科技企业进行品牌延伸的过程，其实就是一个收益与风险博弈的过程。农业科技企业如何进行这样的收益与风险的博弈？本研究认为农业科技企业市场导向和动态能力能够提供一定的指引。

首先，农业科技企业通过顾客导向服务消费者的同时，可以了解企业的品牌在消费者心中的形象、定位等，在此基础上，进一步挖掘消费者对企业品牌的更多期望、未来发展方向等。然后，农业科技企业进行市场信息处理，分析出目标消费者对农业科技企业品牌的具体感知以及适用的产品类型。最后，农业科技企业通过职能协调统一各部门对企业的品牌认知，从而有利于农业科技企业制定正确的品牌延伸策略，最大化品牌收益，最小化品牌风险。

其次，由于消费者对农业科技企业品牌认知的动态性，农业科技企业有必要利用自身的市场反应能力实时掌握消费者对企业品牌的感知，以便农业科技企业能够实时调整自身的品牌延伸策略。农业科技企业的品牌延伸是一项系统化的工程，它涉及消费者信息、新产品开发、企业营销战略等方面，所以它需要农业科技企业整合各方面的资源能力，并且还需要实时改造企业的组织惯例，以便农业科技企业在实行品牌延伸策略时，获取收益、规避风险。

由此可知，农业科技企业的市场导向和动态能力都对企业的品牌延伸策略具有重要的指导作用。

4.3.4 农业科技企业市场导向和动态能力对品牌关系策略的作用机理

品牌关系策略主要是让农业科技企业处理好品牌与品牌、消费者与品牌、产品与品牌、营销者与品牌、其他利益相关者与品牌等关系。由此可知，农业科技企业涉及的品牌关系是比较复杂的。农业科技企业如何处理好这些品牌关系？本研究认为农业科技企业的市场导向和动态能力能够提供一定的引导作用。

首先，农业科技企业通过顾客导向和市场信息处理可以较好地处理消费者与品牌的关系，通过职能协调可以较好地处理品牌与品牌、产品与品牌、营销者与品牌等相关的品牌关系。农业科技企业的竞争者导向也可以帮助企业处理好品牌与竞争品牌的关系。所以说，农业科技企业的市场导向对农业科技企业实行品牌关系策略具有重要的指导作用。

其次，农业科技企业通过市场反应能力，能够实时掌握消费者、竞争者的信息，通过整合企业的资源，改造组织惯例，从而实时调整处理企业品牌关系的方式。这样有利于农业科技企业更好地实行品牌关系策略。所以说，农业科技企业的动态能力对农业科技企业实行品牌关系策略具有重要的指导作用。

由此可知，农业科技企业的市场导向和动态能力都有利于企业实行品牌关系策略，因此，本研究认为农业科技企业的市场导向和动态能力对企业实行品牌关系策略具有重要的影响作用。

综上所述，我们阐述了农业科技企业市场导向和动态能力对农业科技企业的品牌营销策略（包括品牌形象策略、品牌定位策略、品牌延伸策略以及品牌关系策略）影响的作用机理。

4.4 农业科技企业品牌营销策略影响因素理论模型

本研究已经阐述了农业科技企业品牌营销策略以及农业科技企业品牌营销策略影响因素的作用机理。基于以上分析，本研究构建了农业科技企业品牌营销策略影响因素理论模型，如图 4-1 所示。

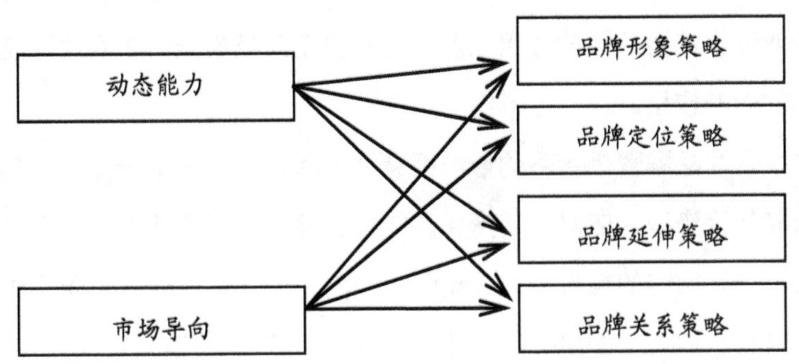

图 4-1 农业科技企业品牌营销策略影响因素理论模型

由图 4-1 可知，农业科技企业影响因素主要有动态能力和市场导向两个概念，农业科技企业品牌营销策略则分为品牌形象策略、品牌定位策略、品牌延伸策略以及品牌关系策略等四个概念。农业科技企业影响因素的两个概念分别对品牌营销策略的四个概念产生影响作用。

基于本研究已经构建的农业科技企业品牌营销策略影响因素理论模型，本研究提出以下研究假设。

H1：农业科技企业动态能力对品牌形象策略具有正向影响作用。

H2：农业科技企业动态能力对品牌定位策略具有正向影响作用。

H3：农业科技企业动态能力对品牌延伸策略具有正向影响作用。

H4：农业科技企业动态能力对品牌关系策略具有正向影响作用。

H5：农业科技企业市场导向对品牌形象策略具有正向影响作用。

H6：农业科技企业市场导向对品牌定位策略具有正向影响作用。

H7：农业科技企业市场导向对品牌延伸策略具有正向影响作用。

H8：农业科技企业市场导向对品牌关系策略具有正向影响作用。

农业科技企业的动态能力和市场导向如何影响品牌营销策略？本研究在2.2.3节引入了企业吸收能力的概念，在相关文献分析的基础上，对农业科技企业的吸收能力的内涵进行了界定，认为农业科技企业吸收能力在农业科技企业的动态能力和市场导向影响品牌营销策略的过程中起到了中介作用。那么研究农业科技企业吸收能力的中介作用，首先需要阐述农业科技企业动态能力和市场导向对农业科技企业吸收能力的影响作用以及农业科技企业吸收能力对农业科技企业品牌营销策略的影响作用。

农业科技企业品牌营销策略的影响因素分为动态能力和市场导向，其中动态能力中的获取独特资源、应对市场变化的能力、整合资源的能力、改造组织惯例的能力以及市场导向中的顾客导向、竞争者导向、市场信息处理、职能协调等，都需要农业科技企业员工的参与，企业员工参与的过程，其实也是学习的过程。根据Lane et al.（2006）提出的吸收能力的定义，他们认为吸收能力应该是企业员工根据不同的情景而进行探索性学习和应用性学习的双重能力的体现。因此本研究认为，企业员工参与的程度，与动态能力中的获取独特资源、应对市场变化的能力、整合资源的能力、改造组织惯例的能力以及市场导向中的顾客导向、竞争者导向、市场信息处理、职能协调等有着密切的关系。因此，本研究认为农业科技企业品牌营销策略的影响因素对农业科技企业员工的吸收能力产生重要影响。故本研究提出以下假设。

H9：农业科技企业动态能力对吸收能力具有正向影响作用。

H10：农业科技企业市场导向对吸收能力具有正向影响作用。

农业科技企业的吸收能力，根据 Cohen 和 Levinthal（1990）给出的定义，他们认为企业吸收能力就是企业识别、评价、消化和应用知识资源的能力。同时，他们也认为吸收能力是企业创新活动和问题解决活动的附属收益，而且企业的吸收能力是企业员工个体吸收能力的集合。由此可见，农业科技企业的吸收能力是企业员工吸收能力的集合，企业员工通过识别、评价、消化和应用企业内外部知识资源参与农业科技企业制定并运用品牌营销策略，从而让农业科技企业的品牌营销策略更适合农业科技企业的市场环境。企业员工的识别、评价、消化和应用企业内外部知识资源能力的水平，也就是企业的吸收能力的水平，对企业制定并运用品牌营销策略产生重要作用。因此，本研究认为农业科技企业的吸收能力对品牌营销策略具有重要的影响作用，故提出以下假设。

H11：农业科技企业吸收能力对品牌形象策略具有正向影响作用。

H12：农业科技企业吸收能力对品牌定位策略具有正向影响作用。

H13：农业科技企业吸收能力对品牌延伸策略具有正向影响作用。

H14：农业科技企业吸收能力对品牌关系策略具有正向影响作用。

动态能力中的获取独特资源、应对市场变化的能力、整合资源的能力、改造组织惯例的能力以及市场导向中的顾客导向、竞争者导向、市场信息处理、职能协调等，在品牌营销策略的制定和实施中发挥作用，离不开企业的执行力。这种执行力需要企业员工运用识别、评价、消化和应用企业内外部知识资源的能力进行参与才能实现。由此，农业科技企业的动态能力和市场导向如何影响品牌营销策略？本研究通过文献回顾与分析，认为农业科技企业的品牌营销策略影响因素包括动态能力和市场导向，先影响农业科技企业员工的吸收能力，然后企业员工通过已有的吸收能力对企业制定品牌营销策略产生影响作用。这就说明农业科技企业的吸收能力在农业科技企业的品牌营销策略影响因素和品牌营销策略之间具有一定的桥梁作用。基于此，本研究提出以下假设。

H15：农业科技企业吸收能力在动态能力与品牌形象策略之间具有中介作用。

H16：农业科技企业吸收能力在动态能力与品牌定位策略之间具有中介作用。

H17：农业科技企业吸收能力在动态能力与品牌延伸策略之间具有中介作用。

H18：农业科技企业吸收能力在动态能力与品牌关系策略之间具有中介作用。

H19：农业科技企业吸收能力在市场导向与品牌形象策略之间具有中介作用。

H20：农业科技企业吸收能力在市场导向与品牌定位策略之间具有中介作用。

H21：农业科技企业吸收能力在市场导向与品牌延伸策略之间具有中介作用。

H22：农业科技企业吸收能力在市场导向与品牌关系策略之间具有中介作用。

基于本节，引入吸收能力后，将农业科技企业品牌营销策略影响因素理论模型（图 4-1）进行修改，如图 4-2 所示。

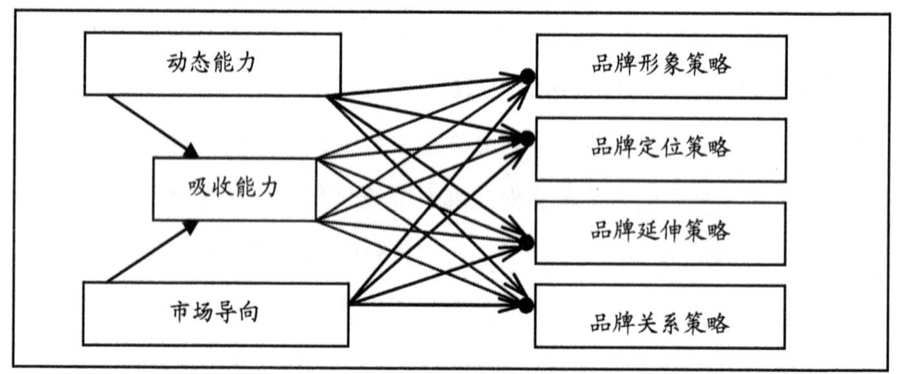

图 4-2 引入吸收能力的农业科技企业品牌营销策略影响因素理论模型

4.5 农业科技企业品牌营销策略影响因素理论模型指标体系开发

根据农业科技企业品牌营销策略影响因素理论模型的研究内容，本研究需要开发指标的概念有动态能力、市场导向、吸收能力、品牌形象策略、品牌定位策略、品牌延伸策略以及品牌关系策略等。接下来，本研究根据相关文献并结合本研究的特点，借鉴已有的成熟量表进行修订或者自行开发以上概念的指标体系。

动态能力：根据动态能力的相关定义和本研究的特点，本研究认为衡量动态能力应该包括独特资源、应对市场变化能力、整合资源能力和改造组织惯例能力等四个指标。

市场导向：根据市场导向的相关定义、成熟量表以及本研究的特点，本研究认为衡量市场导向应该包括竞争者导向、顾客导向、市场信息处理以及职能间协调等四个指标。

吸收能力：本研究根据吸收能力的定义和本研究的特点，认为测量吸收能力应该包括识别能力、评价能力、消化能力以及应用能力等四个指标。

品牌形象策略：根据品牌形象策略的内涵和作用，本研究认为衡量品牌形象策略应该包括功能性形象、体验性形象和象征性形象等三个指标。

品牌定位策略：根据品牌定位策略的内涵和作用，本研究认为衡量品牌定位策略应该包括目标市场细分、产品差异化、价格差异化等三个指标。

品牌延伸策略：根据品牌延伸策略的内涵和作用，本研究认为衡量品牌延伸策略应该包括品牌知名度、产品多元化、产品相关性等三个测量指标。

品牌关系策略：根据品牌关系策略的内涵，本研究认为测量品牌关系策略应该包括品牌与消费者的关系、品牌与产品的关系、品牌与品牌的关系、品牌与利益相关者的关系等四个测量指标。

4.6 本章小结

本章阐述了农业科技企业品牌营销策略的影响因素，本研究认为农业科技企业品牌营销策略的影响因素主要有动态能力和市场导向两方面的内容，其中动态能力包括独特资源、应对市场变化能力、整合资源能力与改造组织惯例能力，市场导向包括顾客导向、竞争者导向、市场信息处理与职能间协调。其次，本研究阐述了农业科技企业的吸收能力，认为农业科技企业的吸收能力是企业识别、评价、消化以及应用知识资源的能力，并且农业科技企业的吸收能力是企业员工吸收能力的集合。再次，本研究论述了农业科技企业的品牌营销策略，包括品牌形象策略、品牌定位策略、品牌延伸策略以及品牌关系策略。接着，本研究探讨了农业科技企业动态能力和市场导向对品牌营销策略的影响作用，并在此基础上构建了农业科技企业品牌营销策略影响因素理论模型。在该模型的基础上，本研究探讨了农业科技企业吸收能力在农业科技企业动态能力、市场导向与品牌营销策略之间的中介作用。最后，本研究基于已经构建的农业科技企业品牌营销策略影响因素理论模型和吸收能力中介作用的研究需要，根据文献回顾与本研究的特点，开发了动态能力、市场导向、吸收能力、品牌形象策略、品牌定位策略、品牌延伸策略以及品牌关系策略等七个概念的测量指标。

5 第五章 农业科技企业品牌营销策略与营销绩效的理论模型

5.1 农业科技企业品牌营销策略对营销绩效的影响机理分析

消费者的购买行为或多或少是一种反复的品牌选择决策过程。一般来说，消费者服务品牌消费决策过程可分为问题识别、信息搜寻、评价与选择、品牌购买与购后行为等五个阶段。Calantone et al. 指出，不管类型如何，服务产品均是由一组能够释放顾客追求的利益的服务属性组成的整体，这些属性反映了服务绩效在不同维度上的特性。产生需求的消费者会从各种来源，尤其是可信度高的个人来源，获取有关服务品牌的信息，以形成品牌期望，构建可供选择的服务品牌备选集，在此基础上，消费者会通过一个评价程序，将自己获得的信息综合起来，以评价品牌备选集内的各个品牌，形成不同的态度（偏好），并可能在实施购买的过程中导向相应的购买行为，进而消费者会根据自己的品牌信念与消费意图以及对不同利益的希冀程度对品牌进行实际的感知，即对品牌提供给自己的各个属性进行权衡比较，据此对感知结果与期望进行对比，产生不同的购后评价，即满意或不满意，并由此决定未来的购后行为。这说明品牌营销对于企业的营销绩效来说非常重要。具体来说，本研究已经阐述了农业科技企业品牌营销策略，并认为适合农业科技企业品牌营销的策略主要包括品牌形象策略、品牌定位策略、品牌延伸策略以及品牌关系策略等四个策略。同时，本研究也阐述了农业科技企业营销绩效的考核方式与内容，本研究拟采用顾客认知、学习与创新等方面的内容衡量农业科技企业营销绩效。在此基础上，本研究分析农业科技企业的四个品牌营销策略对营销绩效的影响机理。

5.1.1 品牌形象策略对营销绩效的影响机理

品牌形象策略主要是企业在品牌营销过程中注重企业产品或服务品牌的形象，比如企业产品或服务的顾客体验效果、顾客感知价值等。品牌形象策略直接影响企业产品或服务在消费者心中的形象，进而会在很大程度上影响消费者对农业科技企业产品或服务的感知，从而在一定程度上影响农业科技企业品牌营销的效果，特别是在顾客认知方面，品牌形象策略具有非常重要的影响作用。比如农业科技企业服务社会主义新农村建设，履行一定的企业社会责任，那么农户就会感知到农业科技企业的良好形象，从而促进农业科技企业产品或服务的市场表现。因此，本研究认为品牌形象策略对农业科技企业的品牌营销绩效具有正向影响作用。

5.1.2 品牌定位策略对营销绩效的影响机理

品牌定位策略主要涉及农业科技企业产品或服务的多元化、差异化等方面的营销活动。品牌定位策略能够让农业科技企业的产品或服务针对不同的顾客群体进行市场细分，从而农业科技企业能够更好地为细分市场的顾客服务，满足特定顾客群体的需求，这有助于提升顾客对农业科技企业产品或服务的感知，进而有利于提升企业产品或服务的销售。比如，农业科技企业针对某地的土壤特征，研发出与土壤相适应的肥料，从而能够针对当地的顾客提供差异化的产品，这对当地的顾客感知农业科技企业的品牌，促进肥料的销售具有十分重要的作用。又如，农业科技企业针对某些经济不发达地区农民科普知识水平不高的现实情况，加大农资产品售后技术服务扶持力度，提高企业内部技术营销机制的运行效率，使得农民能够切实感知到企业的服务品牌，可以极大地促进企业农资产品的销售，并树立起可信度高的品牌形象。因此，本研究认为品牌定位策略对农业科技企业的营销绩效具有正向的影响作用。

5.1.3 品牌延伸策略对营销绩效的影响机理

品牌延伸策略主要是指农业科技企业对现有知名品牌的合理利用，从而为新产品或新服务的营销带来一定的优势。品牌延伸策略能够让顾客通过现有的知名品牌的影响力去购买农业科技企业的新产品或新服务。品牌延伸策略在信息不对称条件下，为企业与顾客提供了非常经济的认知通道，既为农业科技企业的新产品或新服务的推广提供了便利，又为目标顾客群体选择使用新产品或新服务提供了一定的质量信誉保证。这说明品牌延伸策略能够从企业与顾客两个方面提升农业科技企业的营销活动效率，对顾客感知企业的品牌也具有非常重要的影响作用。比如一家生产肥料的农业科技企业将化肥领域的品牌延伸到有机肥领域，从而让顾客将感知的该有机肥的质量信誉与化肥的质量信誉联系起来，促进企业有机肥的销售，也有利于目标顾客在市场中选择该企业的有机肥。因此，本研究认为品牌延伸策略对农业科技企业的营销绩效具有正向影响作用。

5.1.4 品牌关系策略对营销绩效的影响机理

品牌关系策略主要涉及品牌与品牌、消费者与品牌、产品与品牌、营销者与品牌、其他利益相关者与品牌等关系。品牌关系策略通过建立品牌与相关主体的联系，从而影响农业科技企业营销活动的效果，比如品牌与消费者的关系能够帮助企业与消费者进行互动，为企业更好地满足消费者的需求提供了很好的信息来源，也为消费者选择农业科技企业的产品或服务提供了很好的信息沟通平台，这会在很大程度上影响消费者对农业科技企业品牌的认知以及在一定程度上提升农业科技企业的产品或服务的销售。再比如，品牌与产品的关系，给产品一个合适的品牌或者给品牌一个合适的产品，这对企业的营销与消费者的选择都具有非常重要的意义，农业科技企业可以通过品牌与产品的合理匹配，提升企业营销活动的效率。品牌的相关主体呈现多元化的特征，除了消费者与产品，还有品牌、营销者等其他的相关主体，农业科技企业如果能够较好地处理企业品牌与相关主体间的关系，将会在很大程度上提升农业科技企业品牌营销的效率。因此，本研究认为品牌关系策略对农业科技企业的营销绩效具有正向影响作用。

综上所述，本研究通过品牌营销策略对企业营销绩效影响的机理分析，认为品牌营销策略的四个主要方面，即品牌形象策略、品牌定位策略、品牌延伸策略以及品牌关系策略，都对农业科技企业的品牌营销绩效具有正向影响作用。这为本研究构建农业科技企业品牌营销策略与绩效的理论模型奠定了基础。

5.2 企业营销绩效考核指标的选取

衡量企业营销绩效的方式通常有平衡计分卡、关键绩效指标法以及综合二者特征的营销考核类别方式。本研究将在现有考核方法的基础上，结合本研究的特点进行权衡取舍，提出符合本研究特征且具有可行性的企业营销绩效评价方法。

平衡计分卡法主要是从财务视角、顾客视角、内部运作视角以及学习与创新视角等方面确定绩效考核的指标，平衡计分卡法平衡了财务指标与非财务指标。平衡计分卡的测评方法主要是衡量企业活动，诸如营销提供了比较重要的方法依据，为企业全面衡量总体绩效提供了有效的方法。平衡计分卡衡量企业营销绩效的主要优势在于：一是在营销绩效衡量过程中，平衡计分卡法主要是从四个角度衡量企业营销绩效，从而使企业营销绩效的衡量范围更全面、更客观以及更接近实际，有利于兼顾反映短期与长期的营销活动效果，从而可以让企业更全面地了解营销活动的真实情况；二是平衡计分卡法动态地反映企业营销绩效，而传统的财务考核等方法只是反映了已有的企业营销成绩，但是企业营销活动是持续进行的，在这种情况下，平衡计分卡法能够比较连贯地反映企业营销绩效，比如从顾客与创新视角来看，平衡计分卡法比较善于发掘企业营销活动连贯性的效果。

关键绩效指标法是用定量化的质量、成本、数量、时间等指标来考核企业的绩效。关键绩效指标法也是对传统财务指标测评体系的改进。关键绩效指标法主要是通过对企业内部流程输入、输出的关键参数进行设置、取样、计算与分析，从而测量企业流程绩效管理指标。关键绩效指标法主要是让管理者明确企业的主要责任，并在此基础上，做好企业的绩效管理，确定企业绩效的关键指标，从而建立具有可行性的关键绩效指标体系。SMART 是确定关键绩效指标的重要根据：S（Specific）表明企业绩效考核指标需要具体化并能够以特定的企业活动为对象；M（Measurable）表明企业绩效指标是可度量的、数量化的或者行为化的，并且能够衡量这些指标的相关数据与信息是可以获得的；A（Attainable）表明企业绩效考核指标要具有可操作性，选择那些可行的绩效指标体系，避免绩效体系设立不合理；R（Realistic）表明企业绩效考核指标是真实的，即可以观察到的；T（Time-bound）表明绩效指标需要设定时限，即企业绩效考核需要设定一个时间范围。关键绩效指标法衡量企业营销活动的优点主要有：一是关键绩效指标法立足于企业的长期发展，从而有利于企业的营销活动，在企业绩效评价的过程中，以企业战略目标为基础建立的关键绩效考核指标体系可能会结合企业各部门间的协调和企业整体的长远发展，在这种情况下，企业建立的关键指标能够体现企业对营销活动的长期重视，从而有利于企业营销活动的开展；二是关键绩效指标法反映了企业战略目标和使命愿景，在企业衡量营销活动绩效的过程中，不仅存在比较客观的财务指标，而且还纳入了体现企业竞争力的诸如顾客满意度等的非财务指标，因此，企业通过关键绩效指标法更能够全面系统地衡量企业的营销绩效。

企业营销绩效的衡量主要从两个方面进行：短期绩效和长期绩效。企业通常采用损益表来表示短期绩效，而用品牌资产来表示长期绩效。安伯勒提出了营销六要素法，即将企业的营销绩效分为六个方面：消费者认知、消费者行为、竞争市场、中间商顾客、财务结果以及营销创新等考核类别。营销考核类别方式在六要素中特别强调营销创新的重要地位，并且财务结果与营销行为能够衡量营销创新。营销考核类别方式衡量企业营销绩效的优势主要体现在营销考核类别方式强调企业与中间商、顾客等利益相关群体的互动，而且也强调品牌资产的价值，从而更加全面地反映了企业营销活动的绩效。

综上所述，本研究阐述了企业营销绩效衡量的三种方法，即平衡计分卡法、关键绩效指标法以及营销考核类别方式等。这三种衡量企业营销绩效的方法对本研究衡量农业科技企业的营销绩效具有非常重要的借鉴意义。由于本研究研究视角的要求以及研究条件的限制，衡量企业营销绩效的考核指标的选取具有一定的局限性，比如企业财务方面的营销绩效数据的获取就显得很困难，因此，本研究结合研究特点，重点考核企业营销绩效在品牌认知等方面的效果，比如企业品牌的消费者认知、营销创新等方面的效果。具体来讲，本研究根据平衡计分卡法的内容选取其中的顾客视角和学习与创新视角，根据关键绩效指标法的内容让本研究选取的顾客视角和学习与创新视角方面的绩效考核指标具有时限性、具体性、可操作性、可观察性等，根据营销考核类别方式的建议在企业营销绩效考核的过程中强调营销创新绩效以及营销过程中企业与顾客、中间商等利益相关者的互动等。

因此，笔者根据本研究的特点以及研究条件的限制，选择顾客方面、学习与创新方面以及产品市场表现方面来衡量农业科技企业的营销绩效。基于此，本研究的营销绩效包括顾客认知度、营销创新度、产品市场表现以及营销学习能力等四个测量指标。

5.3 农业科技企业品牌营销策略与营销绩效的理论模型

本研究已对农业科技企业品牌营销策略以及农业科技企业品牌营销策略对营销绩效的影响机理进行了分析。根据以上分析，本研究构建了农业科技企业品牌营销策略与营销绩效的理论模型，如图 5-1 所示，其中品牌营销策略分为品牌形象策略、品牌定位策略、品牌延伸策略以及品牌关系策略四个维度，而营销绩效则是一个维度。

根据农业科技企业品牌营销策略与绩效的理论模型，本研究提出以下假设。

H23：农业科技企业品牌形象策略对营销绩效具有正向影响。

H24：农业科技企业品牌定位策略对营销绩效具有正向影响。

H25：农业科技企业品牌延伸策略对营销绩效具有正向影响。

H26：农业科技企业品牌关系策略对营销绩效具有正向影响。

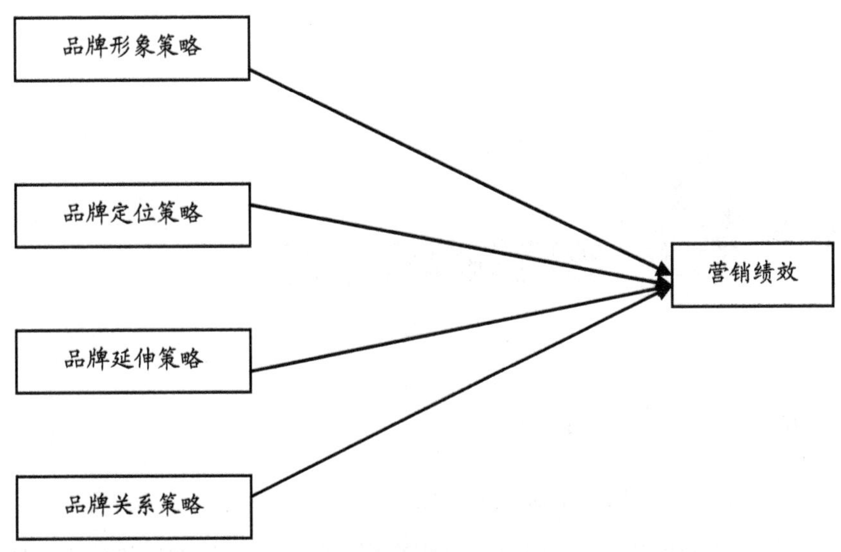

图 5-1 农业科技企业品牌营销策略与营销绩效的理论模型

5.4 本章小结

本章首先阐述了企业营销绩效以及企业营销绩效的考核方法，在此基础上阐述了农业科技企业品牌营销策略，包括品牌形象策略、品牌定位策略、品牌延伸策略和品牌关系策略对营销绩效的影响机理。基于影响机理的分析，本章提出了农业科技企业品牌营销策略与营销绩效的理论模型并依据构建的理论模型提出了相关的假设。最后，本章根据模型实证的需要开发了衡量营销绩效的四个测量指标。

6 第六章 模型的实证研究

6.1 研究方法及其说明

本研究是在一定研究基础上的探索性研究，为了更加系统和有效地研究农业科技企业品牌营销策略，本研究将分别采用文献调研、探索性访谈与案例调查研究的方法，并结合头脑风暴法和观察法，提出初步的研究模型与理论推断，在此基础上通过典型案例的检验和问卷调查实证的方法来检验、修正研究模型与理论推断，最后在研究结论的基础上给出相应的管理建议和政策建议。

本研究的实证主要是在案例分析的基础上，采用问卷调查和访谈方式获取数据并进行 Pearson 相关分析、因子分析、逐步回归分析、路径分析等多种量化分析，通过文献调研与案例调查研究提出的理论推断和研究假设，在正式大样本问卷调查之前，先进行小范围预调查，了解问卷中的问题并修改完善量表。

6.1.1 案例调查研究

1. 案例研究设计

案例研究的基础是案例研究设计，案例研究的主要问题、对象、目标、研究目标之间的逻辑关系以及研究案例的数量等都是这个阶段需要弄清楚的。

案例研究的主要问题：理解案例首先要处理和解决的问题。在此基础上，通过进一步的数据收集，从而为需要解决的首要问题提供数据支撑，接着针对案例分析得出的结论进行初步的界定。而且，案例分析还可以在分析的过程中提出更具有现实意义和更有洞察力的问题。

案例研究对象：案例研究的对象可以是个人、事件或者实体组织，比如政府、企业、第三部门等。同时在案例研究的过程中还可以同时对几个不同类别的对象进行研究。因此，案例的研究对象具有多元性和同时性的特点。

案例研究目标：研究者在案例研究过程中的取舍权利比较大，研究者可以对案例研究过程中出现的多元目标进行取舍。一般来说，研究目标有的来自于现有的理论和假设，有的来自于作者根据以往研究者的文献综述而提出的新理论和新假设。在整个研究的过程中，最终作者需要提出自己的研究目标。

研究逻辑关系：研究的逻辑关系可以说是研究方法，也就是说将采取什么方式对研究者提出的理论和假设进行证明，这是需要研究者明确提出来的。

研究案例数量：案例的数量有一个或者是多个，在一般情况下，大多会选择一到两个案例进行研究，这样做既可以对研究进行重点把握，聚焦分析，达到研究的效果，同时又能够减少研究者工作量。当然，在研究的过程中，根据需要可以选取多个具有差异性的案例同时研究，那样得出的研究结论更具有普遍适应性。

2. 选择案例

案例选择与案例研究要解决的主要问题和研究目标有关，其次案例的选择要给案例研究的问题带来有直接意义的证据。案例研究可以包括一个案例或者多个案例。单个案例称之为独特和极端案例，它可以给理论或者假设带来证据。多案例研究分为两个分析阶段：案例内分析阶段和交叉案例分析阶段。案例内分析是把每一个案例单独进行分析；交叉案例分析是在案例内分析的基础上对多个案例进行系统和整体的把握、归纳、分析，从而得出更有价值的假设和结论。

3. 收集数据

案例研究的数据主要有五个来源：第一是文件，文件是被采用最多，也是最客观的数据来源渠道；第二是档案记录，档案记录的数据因案例研究的不同有不同的记录，具有一定的差异性；第三是访谈，是一种很实用的数据来源，比较常见的是开放式访谈，然后是焦点访谈，还有就是问卷调查，这种方式适合于结构化的问题；第四就是直接观察，研究者在研究案例的现场获取案例所需要的信息，包括所见、所闻、所感；第五就是参与观察，研究者在参与的过程中，通过参与获取所研究案例需要的数据。

4. 分析资料

案例资料的分析过程包括检查、选择、分类、列表或者采用其他的方法对资料进行重新整理。研究者在分析资料前，首先需要确定分析策略，也就是说要先知道需要分析的内容以及如何分析。如何分析一般有两种依据：一种是根据理论命题，案例分析开始可以某种命题理论为基准，而命题大致可以反映研究的问题、创新的观点以及文献综述所回顾的结果；另一种是开发个案的描述，研究者用一个描述性的架构来对案例进行组织分析。

5. 报告撰写

案例研究成果报告的表述形式具有很大程度的灵活性和随意性，并且不存在统一和标准的报告格式。但在社会科学研究过程中，研究者通常会使用和研究过程相匹配的格式，研究报告可分为以下几个部分：①研究背景的描述；②研究问题、现象的描述及其分析；③分析问题的讨论；④结论与建议。

6. 案例研究设计的质量指标

第一是建构效度（construct validity）：对研究的具体概念进行操作、正确测量。在研究的过程中，研究者一般采用多元化的证据来源，这样形成证据链条，便于证据的提供方能够对案例研究分析报告进行核实、检查。

第二是内在效度（internal validity）：此效度检验主要用于解释性和因果性案例分析，而不可以用在描述性、探索性的研究中。

第三是外在效度（external validity）：此效度主要是需要构建一个范畴，从而将研究结果置于该类别的范畴之下。

最后是信度（reliability）：主要是衡量案例研究的各个阶段，是否具有可重复性，而且如果重复研究，是否能够获取相同的结果。

6.1.2 大样本量化分析

大样本量化分析所包括的方法主要有因子分析、描述性统计与相关分析、回归分析以及路径分析。接下来将对以下方法进行简单介绍。

因子分析的主要目的就是减少路径分析与回归分析中的变量而又不影响分析的结果，它通过较少的维度来反映整个数据的结构，同时能够保留数据的大部分信息，这样有利于数据处理的聚焦化和简单化。而且，在因子分析的过程中能够确认数据的基本结构和范围，这种处理方式是根据一定的理论基础对数据进行划分，然后再进行数据分析，一般来说对应的是验证性因子分析。

描述性统计主要是对本研究所选择的大样本进行一些特征描述和统计，判断所选择的样本与本研究对样本的要求是否相符合，主要目的是为了保证本研究结果的客观性和普遍性。接下来的相关分析主要是在本研究的基础上，对所涉及的概念之间的相互关联的情况进行分析。

回归分析的主要目的是在控制变量的情况下，探索变量之间的相关逻辑关系。通过回归分析，可以得知控制变量对因变量的影响情况，而这一点，通过路径分析会很麻烦，且通过路径分析是不能够完全实现的。所以回归分析对本研究的数据处理具有非常重要的意义。

路径分析，特别是潜变量路径分析对本研究具有非常重要的使用价值。路径分析以结构方程为基本原理，对假设模型进行契合度的检验，其主要目的是探索和研究变量间的逻辑关系。潜变量分析是对形成性指标和反映性指标进行整合，不仅能够进行潜变量与指标变量所构成模型的估计，而且能够进行变量间的路径分析检验。路径分析对潜变量具有十分重要的意义，通过验证性因子分析与路径分析的结合，探讨潜变量之间的相互作用关系。

本小节对研究所需要使用的研究方法进行了阐述，重点说明了这些研究方法对于取得研究成果的重要意义，同时对这些研究方法，特别是对本研究来说意义重大的案例研究方法和大样本分析法做了较为详细的说明，这对于理解本研究的研究内容和逻辑思路具有非常重要的意义。

6.2 典型案例检验一

6.2.1 案例研究设计以及选择

本研究的研究对象是农业科技企业，主要是为了研究农业科技企业品牌营销策略的影响因素模型和农业科技企业品牌营销策略与绩效的理论模型。因此，本研究以此为依据进行案例研究的设计。案例分析就是为已经提出的研究模型和研究假设提供证据，所以选择案例的研究对象应该是农业科技企业，只有通过对农业科技企业的深入剖析，联系企业实践，才能检验本研究所提出的理论模型和研究假设的合理性、客观性以及可行性。经过对具有可行性的农业科技企业的样本的比较、权衡以及挑选，选定新疆冠农果茸集团股份有限公司（以下简称“冠农股份”或“公司”）作为本研究的案例进行分析。选择冠股份的理由主要是：一是冠农股份为一家发展非常迅速的农业科技企业，是我国农产品领域的典型龙头企业；二也是比较重要的，冠农股份非常注重企业的品牌营销；三是本研究的研究人员在新疆冠农果茸集团股份有限公司具有一定的人脉关系，这给本研究的案例分析提供了现实可能性，而且更可能会获取有价值的、客观的、本研究所需要的研究数据；四是新疆冠农果茸集团股份有限公司是一家上市公司，这样获取该公司的信息比较容易。因此，本研究选择冠股份作为案例进行分析既符合本研究的研究要求，又让本案例分析具有可行性。

6.2.2 案例研究：新疆冠农果茸集团股份有限公司

新疆冠农果茸集团股份有限公司[①]是经新疆维吾尔自治区人民政府批准，由新疆生产建设兵团农二师二十八团、二十九团、三十团等五家国有法人单位于1999年12月30日联合发起设立的股份公司。2003年6月9日，经中国证监会核准，在上海证券交易所成功上市，A股代码 “600251”。

① 本研究关于新疆冠农果茸集团股份有限公司的简介内容来源于该公司网站。

公司在兵师党委的正确领导下，在所有股东和社会各界的大力支持下，经过十年的艰苦创业，目前已发展为一家以果蔬、制糖、棉花、仓储等农产品深加工为主，兼顾罗布泊钾盐、开都河水电等矿产水电资源开发的集团化上市公司。截至目前，冠农股份总资产由成立时的 1.52 亿元发展到现在的 19 亿元；净资产由成立时的 1.14 亿元发展到现在的 8.52 亿元；总股本由成立时的 8000 万股发展到现在的 36210 万股。2008 年，冠农股份实现销售收入 5.6 亿元，实现净利润 2875.3 万元。2009 年实现销售收入 5.3 亿元，实现净利润 3030 万元。十年来公司累计实现销售收入 28.56 亿元，实现利税 2.38 亿元。2004 年，公司被国家农业部等八部委确认为“农业产业化国家重点龙头企业”；2005 年，被兵团评为“兵团农业产业化经营优秀龙头企业”；2006 年，被国家林业局确认为“林业产业化龙头企业”；2006 年 11 月，被国家商务部确认为“双百市场工程”流通企业。

公司目前拥有 5 个全资子公司、3 个控股子公司、3 个参股子公司。5 个全资子公司分别为新疆冠农果蔬食品有限责任公司、新疆绿原糖业有限公司、新疆冠农进出口有限公司、新疆冠农天府房地产开发有限公司、新疆冠农科技有限公司。3 个控股子公司分别为巴州冠农棉业有限责任公司、新疆冠农鹿丰食品有限责任公司、新疆冠农艾丽曼果业有限责任公司。3 个参股子公司分别为国投新疆罗布泊钾盐有限责任公司（冠农股份持有 20.3%的股权）、国电新疆开都河流域水电开发有限公司（冠农股份持有 25%的股权）、新疆华世丹药业有限责任公司。

果蔬加工产业：冠农果蔬食品有限责任公司下辖 6 个分公司，生产企业分布于南疆各地市，分别为新疆冠农果蔬库尔勒分公司、新疆莎车冠农果蔬公司、新疆英吉沙冠农果蔬公司、新疆皮山冠农果蔬公司、冠农润丰辣椒制品公司、新疆冠农番茄制品有限公司。目前公司共有 7 条果酱加工生产线，日处理番茄、杏等鲜果 10000 吨以上。冠农番茄公司新增日处理 3750 吨番茄生产线于 2011 年 8 月 10 日试车投产，这样仅冠农番茄公司一个分公司，日处理番茄能力就能达到 7000 吨，成为目前单产能力最大的番茄生产加工企业。在果酱生产加工上，公司将采取积极发展番茄酱生产加工、稳步发展杏酱生产加工的策略，力争在三年内突破

10 万吨产能的目标，推动公司农业产业化的发展。

干果加工销售产业：紧紧抓住南疆的干果优势资源，依托“斯兰扎克”的品牌化运营，重点做好核桃、巴旦木、红枣、葡萄干、杏干等干果的产品升级和销售，以冠农鹿丰公司为主要生产平台，以冠农艾丽曼果业公司为营销平台，以专卖店加盟、连锁商超和电子商务为主要渠道，组织好特色干鲜果品的批量加工生产和销售，稳步发展专卖店，积极扩大超市连锁，全力打造“斯兰扎克”新疆高端农产品第一品牌，力争成为全国最大的新疆优质干果品牌运营商。截至目前，公司已在全国各大城市开发超市连锁和专卖店 600 多家，争取三至五年内扩大至 3000 家左右。

制糖产业：着力抓好节能减排和产品结构调整，利用冠农股份定向增发资金提升酒精生产能力，延伸副产品产业链，初步形成了“稳糖扩酒丰饲建设能源岛”的发展模式。“绿原牌”白砂糖获得“新疆名牌产品”称号，产品远销欧洲、日本、东南亚。目前，公司已形成了日处理甜菜 4000 吨的生产规模。

棉花加工产业：在原有的两家棉花轧花厂的基础上，积极整合地方资源，目前，公司已发展成为集棉花收购、加工、储藏、皮棉和棉副产品销售为一体的专业性公司，年加工皮棉 15000 吨。

鲜果仓储产业：公司拥有 1.4 万吨仓储保鲜冷库。根据师党委安排，目前正在整合农二师新世纪约 3 万吨冷库，届时仓储容量将达到 4.5 万吨，在新疆巴州地区名列前茅。公司将打造南疆地区最大仓储物流园和果蔬产品集散地。

6.2.3 案例相关信息的收集

案例相关信息的收集对于本研究的案例分析具有非常重要的意义。关于新疆冠农果茸集团股份有限公司的相关信息，本研究主要通过冠农股份的公司网站、百度和谷歌搜索引擎、券商研究报告以及公司的一些内部资料等渠道获取冠农股份的相关信息。实际上，本研究正是通过上述渠道获取了非常重要的案例信息，这些信息对于本研究的案例分析具有十分重要的作用。在已经获取的相关信息的基础上，本研究列出了重要的信息内容，准备了进一步访谈的提纲，为进一步核实和挖掘案例信息做准备。然后，本研究对冠农股份的相关中高层管理人员，重点对与企业战略、营销相关的中高层管理人员依据已经准备的提纲进行了访谈，在这个环节，本研究核实了从其他渠道获取的相关重要信息，并进一步挖掘到了本研究需要但还没有获取的相关信息。与此同时，本研究也对基层的营销人员进行了访谈，以获取更加直接的与营销相关的信息。总之，本研究通过多元化的方式、尽可能多的渠道对冠农股份的信息进行收集确认，以便本研究获取足够的有价值的信息，从而让案例分析反映企业的客观情况，同时也是对本研究通过典型案例分析验证农业科技企业品牌营销策略的影响因素模型和农业科技企业品牌营销策略与营销绩效的理论模型的支撑。

6.2.4 检验农业科技企业品牌营销策略的影响因素模型

根据本研究已经构建的理论模型，即农业科技企业品牌营销策略的影响因素模型和农业科技企业品牌营销策略与营销绩效的理论模型，本研究对冠农股份进行案例分析。主要是初步检验已经构建的理论模型。

根据本研究已经构建的农业科技企业品牌营销策略的影响因素模型，检验该模型。主要是检验动态能力和市场导向对品牌营销策略的影响作用。

首先，检验动态能力对品牌营销策略的影响作用。

本研究认为动态能力的含义主要包括独特资源、应对市场变化能力、整合资源能力和改造组织惯例能力。具体到冠农股份来说，冠农股份由新疆生产建设兵团农二师二十八团、二十九团、三十团等五家国有法人单位、国有企业发起成立，因而其在新疆地区具有一定的政治资源、自然资源等独特资源；冠农股份是一家以果蔬、制糖、棉花、仓储等农产品深加工为主的农业科技企业，其在新疆地区的资源整合能力较强；冠农股份拥有 5 个全资子公司、3 个控股子公司、3 个参股子公司，其在组织架构方面也是比较适合企业发展方向的；冠农股份不断地通过升级企业品牌层次构建起多元化、差异化的品牌层次，以应对市场需求的变化。

从以上分析可以看出，冠农股份具有比较强的动态能力。那么冠农股份的动态能力对品牌营销策略具有怎样的影响作用呢？具体来看，冠农股份的多元化和差异化发展，让冠农股份的品牌营销策略具有多项选择，比如产品的多元化和差异化以及优势资源转换战略会直接影响冠农股份实行品牌定位策略，而且其不断发展的态势，会不断地推出新产品，冠农股份就实行了品牌延伸策略，冠农股份具有建立高端多层品牌的战略，着力打造以果蔬业、糖业、棉业为主的农业资源开发板块，因而其实行品牌形象策略和品牌关系策略。因此，根据上述分析，冠农股份的动态能力对其品牌营销策略具有正向的影响作用，符合本研究提出的理论模型及相应的假设。

其次，检验市场导向对品牌营销策略的影响作用。

本研究认为市场导向的含义主要包括竞争者导向、顾客导向、市场信息处理以及职能间协调等四个方面。冠农股份在新疆地区的主要竞争对手主要有新中基、新农开发等农业科技企业，冠农股份通过差异化经营与主要竞争对手避免正面竞争，从而体现出冠农股份的竞争者导向。冠农股份通过多元化、差异化的产品与服务满足不同层次消费者的需求，这说明冠农股份具有较强的市场信息处理能力和顾客导向。冠农股份还通过市场营销部门与生产部门、研发部门的协调合作，共同打造出适合市场需求的产品，这在一定程度上体现出了冠农股份职能间的协调。从上述分析可知，冠农股份具有较好的市场导向。那么冠农股份的市场导向对品牌营销策略具有怎样的影响呢？具体而言，冠农股份的竞争者导向让其实行差异化和多元化的市场策略，这与冠农股份的品牌定位策略、品牌延伸策略等相对应；顾客导向让冠农股份注重产品的品牌形象，比如产品的功能性形象、体验性形象等，从而就影响到了冠农股份的品牌形象策略；冠农股份通过处理与竞争者、顾客等相关主体的关系直接会导致企业实行品牌关系策略。因此，本研究认为冠农股份的市场导向对企业的品牌营销策略具有正向的影响作用，案例分析结论符合本研究提出的相应理论模型和研究假设。

6.2.5 检验农业科技企业品牌营销策略与营销绩效的理论模型

根据本研究已经构建的农业科技企业品牌营销策略与营销绩效的理论模型，冠农股份的案例分析主要检验品牌营销策略对营销绩效的影响作用。本研究分析品牌形象策略、品牌定位策略、品牌延伸策略以及品牌关系策略等四个策略对企业营销绩效的影响作用。本研究已经将营销绩效分为顾客认知度、营销创新度、产品市场表现以及营销学习能力等四个方面。根据企业品牌营销策略和营销绩效的具体内容，本研究根据冠农股份的案例进行详细的分析。

根据本研究依据冠农股份的案例对农业科技企业品牌营销策略的影响因素模型的检验结果，冠农股份对品牌形象策略、品牌定位策略、品牌延伸策略以及品牌关系策略都有较好的应用，尤其善于应用品牌定位策略与品牌延伸策略。具体如下。

冠农股份通过实行品牌形象策略，在果蔬消费群体中树立了良好的品牌形象，能够让顾客感知企业果蔬产品的质量安全可靠，这提升了冠农股份果蔬产品顾客的忠诚度，而且通过诸如口碑等传播方式，为冠农股份的果蔬产品吸收新的消费者、打开更多的细分市场做出了贡献，在一定程度上提升了冠农股份的营销绩效。

冠农股份通过实行品牌定位策略，在果蔬消费群体中，针对不同的消费群体推出具有差异的果蔬产品，从而满足不同层次消费群体的需求，这样既能为企业产品在市场上准确定位，又能够适当地避开与诸如新中基等竞争对手的直面竞争，从而提升了冠农股份在果蔬市场上的总体营销业绩，同时也在特定的细分市场培养了忠实的消费群体，有利于企业持续健康地发展。

冠农股份通过实行品牌延伸策略，为企业推出新产品提供了很好的平台，特别是在果蔬方面进行相关多元化的新产品开发与推广，在这方面冠农股份依靠已有的知名名牌能够进行低成本的市场推广，比如依托“斯兰扎克”的品牌化运营，重点做好核桃、巴旦木、红枣、葡萄干、杏干等干果的产品升级和销售，诸如这样的相关多元化的产品发展，为冠农股份更好地满足现有细分市场的需求以及满足更多的细分市场的需求提供了很好的发展路径，这样健康持续的扩张式发展直接对企业的营销绩效产生积极影响。

冠农股份实行品牌关系策略，正确处理品牌与消费者的关系、品牌与产品的关系、品牌与品牌的关系、品牌与利益相关者的关系，比如针对“斯兰扎克”品牌，冠农股份努力打造“斯兰扎克”品牌与消费者的亲和形象，同时品牌名称也体现出新疆的地域特色，对于疆外消费者来说，具有较好的异域风情想象空间，还有“斯兰扎克”品牌主打干果类产品品牌，实行范围相对固定的相关多元化，处理好了品牌与产品的关系。冠农股份实行的品牌关系策略也在一定程度上对企业的营销绩效产生积极影响。从以上分析可知，冠农股份的品牌营销策略对企业的营销绩效具有积极的影响作用。

综上所述，本研究通过冠农股份的案例分析，对已构建的农业科技企业品牌营销策略的影响因素模型和农业科技企业品牌营销策略与营销绩效的理论模型进行了案例检验，检验结果表明，冠农股份的实际情况符合本研究的两个理论模型，这说明本研究构建的理论模型符合农业科技企业实际，具有较好的理论与应用价值，有必要进一步进行大样本的实证检验，以便得出具有普适性的研究结论。

6.3 典型案例检验二

6.3.1 案例研究设计以及选择

本研究的研究对象是农业科技企业，主要是为了研究农业科技企业开放式创新模式以及农业科技企业开放式创新模式效用与企业创新绩效的关联性。因此，本研究以此为依据进行案例研究的设计。案例分析就是为已经提出的研究模型和研究假设提供证据，所以我们选择案例的研究对象应该是农业科技企业，我们只有通过对农业科技企业的深入剖析，联系企业实践，才能检验本研究所提出的理论模型和研究假设的合理性、客观性以及可行性。经过我们对具有可行性的农业科技企业的样本的比较、权衡以及挑选，我们选定了广东海大集团作为案例进行分析。选择广东海大集团的主要理由：广东海大集团是一家发展非常迅速的农业科技企业，它是我国饲料行业的五强之一，最重要的是，它非常注重企业的技术创新，而且观念十分开放，具有开放式创新模式的雏形，这对本研究来说，尤为重要。而且，本研究的主持者在广东海大集团具有一定的人脉关系，这为本研究的案例分析提供了现实可能性，而且更可能会获取有价值的、客观的、本研究所需要的研究数据。另外，广东海大集团是一家上市公司，这样获取该公司的信息就更加容易了。因此选择广东海大集团作为案例进行分析，既符合了，本研究的研究要求，又让案例分析极具可行性。

6.3.2 案例研究：广东海大集团

本研究关于广东海大集团的简介来自于该公司的网站。

广东海大集团股份有限公司是一家以研发、生产和销售水产饲料、畜禽饲料和水产饲料预混料以及健康养殖为主营业务的高科技型上市公司，以"科技兴农，改变农村现状"为神圣使命，以水产预混料、水产和畜禽配合饲料为主营产品，向广大养户提供养殖全过程的技术服务。广东海大集团已经实现了在全国重点水产养殖区域的生产和销售，在全国拥有近 40 家下属公司和 6 个中试基地。2005 年进入行业 30 强，2007 年进入行业十强。

广东海大集团 1998 年起步于中国南海之滨， 依靠技术优势，4 年间成为水产预混料全国第一；2001 年进入水产配合饲料，淡水鱼料快速成为行业第二；2003 年进入对虾饲料，目前已处于行业前三甲；2004 年进入膨化料领域，目前已居行业第一。鸡料经过三年的发展，在广东市场排名第一，鸭料在广东市场排名第二。

多年来，海大集团先后获得"中国名牌""广东省著名商标""广东省名牌产品"等殊荣，广东海大集团被认定为"农业产业化国家重点龙头企业""国家农产品加工技术研发专业分中心""高新技术企业"等。公司资金充足，银行信誉评级为 AAA 级。集团积极倡导绿色健康养殖，所属分（子）公司均通过了 ISO 9000、HACCP 认证。

广东海大集团拥有强大的专业技术和研发团队，持续加大研发投入，建立了高效的二级研发体系，组建了动物营养与饲料、生物技术、微生物、生物化工、动物育种、病害防治、养殖技术等全面的研发团队和体系。广东海大集团旗下的畜牧水产研究中心，拥有博士 20 名，硕士 80 多名，200 多位具有本科及以上学历专业研发人员，每年可完成 200 多个实验，被授予“农业科技创新中心”“工程中心”“省级企业技术中心”和“博士后工作站分站”等称号。

公司的水产饲料技术处于国际国内领先水平；畜禽饲料技术与国内领先水平保持同步。公司在添加剂、预混料和配合饲料、替代原料等方面拥有多项核心技术和大量的技术成果，形成了在用技术、储备技术和预研技术的成熟体系，确保技术持续领先。公司在水产优质苗种选育、微生态制剂开发方面处于国内领先，产业化处于快速起步阶段，使公司具备了强大的成长潜力。

养殖是高度依赖技术的行业，广大养户往往缺少养殖技术，广东海大集团深入关注这一核心需求，定位为服务型的企业，潜心研究养殖技术和养殖模式，全面的养殖服务体系应运而生。公司近千人的专业服务队伍深入养殖全过程的各个环节，从苗种、养殖结构设计、养殖技术辅导、环境控制、病害防治、行情信息、管理技术等全方位为养户提供服务支持，确保养户实现利益最大化。养户的成功和发展缔造了公司高速成长的奇迹。服务不断创新的能力也成为公司未来持续健康发展的最重要的推动力。

公司建立了创新的“专业中心＋分子公司”的管理模式，专业中心着力为分子公司提供专业服务，分子公司专注于市场开发和服务体系建设，集团资源向市场一线集中。公司在技术、采购、生产、销售等各个环节建立了标准化流程和统一的制度，具备成熟的复制能力。

战略鲜明的布局扩张、快速提升的市场占有率、不断优化的产品结构带来了海大集团令人瞩目的优秀业绩。近年来公司主营业务收入和净利润的复合增速均达到了 60%以上，净利润率远高于行业平均水平，公司盈利能力和成长能力显著领先于行业优秀企业。广东海大集团已经成为名副其实的中国饲料行业中发展速度最快、技术水平最高、服务能力最强的企业。

2009 年 11 月 27 日，广东海大集团 A 股成功上市发行，成为集团发展历程中的重要里程碑，借助于资本市场平台，公司必将迎来更加广阔的发展空间。

海纳百川，有容乃大。广东海大集团拥有一支年轻热情、理念一致、勤奋敬业、专业精湛的经营管理团队，以智慧、坚守、激情书写着公司发展的璀璨篇章。广东海大集团必将成为中国领先、全球一流、具有持续发展能力的高科技农牧业企业。

公司主要产品：海因特牌水产预混料、浓缩料；海大牌、海龙牌、大川牌、海贝牌、风光牌、容川牌鱼料、虾料、畜禽料；海联科牌渔药；鱼苗、虾苗。

6.3.3 案例相关信息的收集

本研究通过广东海大集团的公司网站、搜索引擎的网页搜索、券商研究报告以及内部渠道等获取与该公司信息相关的文件资料，以便能够获取相对客观地反映公司真实情况的信息。在这个环节，我们获取了大量有价值的信息，这些信息对我们以后的数据收集环节起到了很大的启示作用。以已经收集的信息为基础，我们列出了访谈提纲，与广东海大集团的技术研发人员、产品经理、采购人员、营销人员以及高层管理者进行了面对面的访谈，在访谈的过程中，我们边解决问题，边发现问题，再解决问题，通过这样的良性循环，我们获取了许多对我们研究来说有价值的信息。而且，我们也获得了实地参观公司的机会，通过对公司的直接观察，我们证实了由文件资料获取的大量信息，特别是对研发部门的观察，让我们对自身的研究有了更直观的认识。总之，本研究通过多元化的渠道、多元化的方式对广东海大集团进行全方位的观察，以便我们能够获取客观的、有价值的、饱和的信息，以使我们的研究更加贴近农业科技企业的实践，从而得出更具有现实意义和普适性的研究结论。

6.3.4 检验农业科技企业品牌营销策略的影响因素模型

根据本研究已经构建的理论模型，即农业科技企业品牌营销策略的影响因素模型和农业科技企业品牌营销策略与营销绩效的理论模型，本研究对广东海大集团进行案例分析。主要是初步检验已经构建的理论模型。

根据本研究已经构建的农业科技企业品牌营销策略的影响因素模型，检验该模型，主要是检验动态能力和市场导向对品牌营销策略的影响作用。

首先，检验动态能力对品牌营销策略的影响作用。

本研究认为动态能力的含义主要包括独特资源、应对市场变化能力、整合资源能力和改造组织惯例能力。具体到广东海大集团来说，广东海大集团先后被相关单位认定为“农业产业化国家重点龙头企业”“国家农产品加工技术研发专业分中心”“高新技术企业”等，这些企业荣誉的获取，不仅是对广东海大集团自身自强不息、奋斗不止的褒奖，而且，也给广东海大集团带来了很多政策上的优惠和激励，作为广东农业科技企业的龙头企业，广东海大集团受到了广东省、广州市政府的鼎力相助，政府不仅给企业创造了良好宽松的发展环境，而且给企业带来了实实在在的实惠，企业董事长还被选为广州市政协委员，增添了企业在政府中的发言权，也能够更好地实现企业发展中的诉求。在企业的发展中，政府还给企业提供了农业方面的资讯、企业发展的方向的引导等，政府对于广东海大集团的作用主要体现在市场信息、运营支持、资金支持等方面。因而其在广东省及周边地区具有一定的政治资源、自然资源等独特资源。

广东海大集团是一家以研发、生产和销售水产饲料、畜禽饲料和水产饲料预混料以及健康养殖为主营业务的高科技型上市公司，其在广东省及周边地区的资源整合能力较强。

战略鲜明的布局扩张、快速提升的市场占有率、不断优化的产品结构带来了海大集团令人瞩目的优秀业绩。近年来公司主营业务收入和净利润的复合增速均达到了60%以上，净利润率远高于行业平均水平，公司盈利能力和成长能力显著领先于行业优秀企业，这说明广东海大集团在组织架构方面也是比较适合企业发展方向的。

广东海大集团不断地通过升级企业品牌层次，从而构建起多元化、差异化的品牌层次，以应对市场需求的变化。从以上分析可以看出，广东海大集团具有比较强的动态能力。那么广东海大集团的动态能力对品牌营销策略具有怎样的影响作用呢？具体来看，广东海大集团的多元化和差异化发展，让广东海大集团的品牌营销策略具有多项选择，比如产品的多元化和差异化以及优势资源转换战略会直接影响广东海大集团实行品牌定位策略，而且其不断发展的态势，会使其不断地推出新产品，因此广东海大集团就实行了品牌延伸策略，同时其制定实施了高端多层品牌的战略，着力打造以动物营养与饲料、生物技术、微生物、生物化工、动物育种、病害防治、养殖技术为主的农业资源开发板块，因而其实行品牌形象策略和品牌关系策略。根据上述分析，广东海大集团的动态能力对其品牌营销策略具有正向的影响作用，符合本研究提出的理论模型及其相应的假设。

其次，检验市场导向对品牌营销策略的影响作用。

本研究认为市场导向的含义主要包括竞争者导向、顾客导向、市场信息处理以及职能间协调等四个方面。

广东海大集团利用与金融机构进行金融合作和期货交易规避原材料价格波动风险的管理理念，契合了开放式创新模式的精神，即利用非相关企业为企业服务，从而为企业提供资金、运营方面的支持等。通过与期货公司合作，进行企业原材料的价格信息的收集、分析、预测等，并根据企业的原材料情况，进行一定量的期货交易，从而实现了原材料价格波动对企业业绩影响的风险规避，以做好企业的成本控制。通过差异化经营与主要竞争对手避免正面竞争，从而体现出广东海大集团的竞争者导向。

广东海大集团通过多元化、差异化的产品与服务满足不同层次的消费者的需求，这说明广东海大集团具有较强的市场信息处理能力和顾客导向。广东海大集团的用户基本上是与水产相关的养殖户，他们对水产饲料的需求旺盛，而且，由于长时间的从业实践，这些养殖户也成为水产饲料的行家，他们对水产饲料的品质、效果都具有最好的发言权。根据我们对广东海大集团的相关资料的搜索，广东海大集团已经对这些养殖户进行了技术、工艺、设备、采购、战略咨询等全方位的服务，与公司的客户建立了非常亲密的伙伴关系，从苗种、养殖结构设计、养殖技术辅导、环境控制、病害防治、行情信息、管理技术等全方位为养户提供服务支持，确保养户实现利益最大化，他们的宗旨就是让养殖户、企业的代理商、企业等三方实现共赢的局面。基于广东海大集团对企业客户的深厚感情，养殖户也向广东海大集团反馈了很多有价值的产品改进建议，而且，通过这样的反馈渠道，广东海大集团还能够获取大量的有价值的市场信息。这样的良性循环为广东海大集团从养殖户那里获取市场信息、运营支持等提供了便利。广东海大集团与用户之间的良性互动所产生的效果符合我们构建的农业科技企业开放式创新模式模型的理论预期。由于饲料行业的特殊性，广东海大集团建立了庞大的采购中心，并且将市场进行了专业化细分：豆粕、玉米、鱼粉、面粉、棉菜粕等，他们通过走向源头、了解源头并建立渠道。这样就很好地履行了企业的采购任务，具有很强的市场信息处理能力。

广东海大集团还通过市场营销部门与生产部门、研发部门的协调合作，为企业的技术创新提供了非常厚实的技术支撑平台，对广东海大集团的产品研发起到了十分重要的促进和支撑作用。广东海大集团与中山大学生命科学学院、中科院水生生物研究所、华中农业大学水产学院、华南农业大学动物科学院、广东省农科院以及广东海洋大学等建立了合作科研平台，并且广东海大集团还根据自身经营所涉及的领域建立了相应的研发研究室，与相关的科研单位及客户建立了企业产品的中试基地，等等。广东海大集团的这些合作举措，协调整合了科研院校研发部门的力量，给广东海大集团带来了技术支持，这完全符合本研究的理论假设。

广东海大集团还有效地利用技术中介和风投创投等资本平台的作用，夯实企业的力量，共同打造出适合市场需求的产品，这在一定程度上体现出了广东海大集团职能间的协调。比如广东海大集团的下属企业广州海因特生物技术公司和广东海大畜牧水产研究中心主办了研讨会，中国饲料工业协会作为支持单位举行了鱼虾营养与饲料技术研讨会，在举办研讨会的同时，还举行了中国饲料工业展示交易会等。广东海大集团的这种技术交易模式弥补了技术市场的短板，以企业作为主导进行技术相关的交易，有利于企业获取有价值的技术和信息。所产生的效果显著，基本符合本研究构建符合本研究的理论假设。从上述分析可知，广东海大集团具有较好的市场导向。

那么广东海大集团的市场导向对品牌营销策略具有怎样的影响呢？具体而言，广东海大集团的竞争者导向让其实行差异化和多元化的市场策略，这与广东海大集团的品牌定位策略、品牌延伸策略等相对应；顾客导向让广东海大集团注重产品的品牌形象，比如产品的功能性形象、体验性形象等，从而影响到广东海大集团的品牌形象策略；广东海大集团通过处理与竞争者、顾客等相关主体的关系直接会导致企业实行品牌关系策略。因此，本研究认为广东海大集团的市场导向对企业的品牌营销策略具有正向的影响关系，案例分析结论符合本研究提出的相应理论模型和研究假设。

6.3.5 检验农业科技企业品牌营销策略与营销绩效的理论模型

根据本研究已经构建的农业科技企业品牌营销策略与营销绩效的理论模型，广东海大集团的案例分析主要检验品牌营销策略对营销绩效的影响作用。本研究分析品牌形象策略、品牌定位策略、品牌延伸策略以及品牌关系策略等四个策略对企业营销绩效的影响作用。本研究已经将营销绩效分为顾客认知度、营销创新度、产品市场表现以及营销学习能力等四个方面。根据企业品牌营销策略和营销绩效的具体内容，本研究根据广东海大集团的案例进行详细的分析。

根据本研究依据广东海大集团的案例对农业科技企业品牌营销策略的影响因素模型的检验结果，广东海大集团对品牌形象策略、品牌定位策略、品牌延伸策略以及品牌关系策略都有较好的应用，尤其善于应用品牌定位策略与品牌延伸策略。具体如下。

广东海大集团通过实行品牌形象策略，在消费群体中树立了良好的品牌形象，能够让顾客感知企业产品的质量安全可靠，这提升了广东海大集团产品顾客的忠诚度，而且通过诸如口碑等传播方式，为广东海大集团的产品吸收新的消费者，打开更多的细分市场做出了贡献，在一定程度上提升了广东海大集团的营销绩效。

广东海大集团通过与诸多科研院校的技术合作，获取技术支持，引进风投创投机构等资本平台，夯实自身实力，实行品牌定位策略，在消费群体中针对不同的消费群体推出具有差异化的产品，从而满足不同层次消费群体的需求，这样既能为企业产品在市场上准确定位，又能够适当地避开与诸如大北农集团等竞争对手的直面竞争，从而提升了广东海大集团在饲料市场上的总体营销业绩，同时也在特定的细分市场培养了忠实的消费群体，有利于企业持续健康地发展。从现实的效果来说，广东海大集团通过合作，夯实了企业的研发实力，被授予“农业科技创新中心”“工程中心”“省级企业技术中心”和“博士后工作站分站”等称号。在获得这些荣誉的同时，企业的研发实力确实有了很大的提高，拥有强大的专业技术和研发团队，持续加大研发投入，建立了高效的二级研发体系，组建了动物营养与饲料、生物技术、微生物、生物化工、动物育种、病害防治、养殖技术等全面的研发团队和体系。广东海大集团旗下的畜牧水产研究中心，拥有博士 20 名、硕士 80 多名、200 多位具有本科及以上学历的专业研发人员，每年可完成 200 多个实验。每年广东海大集团都开发出若干新品种饲料，或者对已出品的饲料进行改进，而且企业现在还涉及了鱼苗、虾苗等，这些都成了企业的利润源泉。近年来公司主营业务收入和净利润的复合增速均达到了 60%以上，净利润率远高于行业平均水平，公司盈利能力和成长能力显著领先于行业优秀企业。广东海大集团在企业成长的关键时期，引入了鼎晖投资等风险投资机构，风险投资的引入对于规范企业管理机制，增加企业的资金实力具有十分重要的意义，而且鼎晖投资还委派了董事参与企业的决策，这对于提升广东海大集团的决策水平具有重要的意义。鼎晖等风险投资机构的引入加快了企业上市的进程，可以说，最终广东海大集团能够上市风投机构起到了十分积极的作用。广东海大集团的上市，为企业募集了大量的资金，也为企业打开了广阔的发展空间。资本支持、运营支持下的广东海大集团有实力实行品牌定位策略，取得了很好的效果。

广东海大集团还通过实行品牌延伸策略，为企业推出新产品提供了很好的平台，特别是在进行相关多元化的新产品开发与推广方面，广东海大集团依靠已有的知名名牌能够进行低成本的市场推广，战略鲜明的布局扩张、快速提升的市场占有率、不断优化的产品结构带来了海大令人瞩目的优秀业绩。近年来公司主营业务收入和净利润的复合增速均达到了60%以上，净利润率远高于行业平均水平，公司盈利能力和成长能力显著领先于行业优秀企业。广东海大集团已经成为名副其实的中国饲料行业中发展速度最快、技术水平最好、服务能力最强的企业。2009年11月27日，广东海大集团A股成功上市发行，成为集团发展历程中的重要里程碑，借助于资本市场平台，公司必将迎来更加广阔的发展空间。公司主要产品已经扩展到农业畜禽产业的多个领域，包括海因特牌水产预混料、浓缩料，海大牌、海龙牌、大川牌、海贝牌、风光牌、容川牌鱼料、虾料、畜禽料，海联科牌渔药，鱼苗、虾苗等，品牌延伸策略取得了良好的营销绩效。

广东海大集团实行品牌关系策略，正确处理品牌与消费者的关系、品牌与产品的关系、品牌与品牌的关系、品牌与利益相关者的关系，比如针对“海因特”牌水产预混料、浓缩料，海大牌、海龙牌、大川牌、海贝牌、风光牌、容川牌等品牌，广东海大集团努力打造品牌与消费者的亲和形象，同时品牌名称也体现出广东和沿海的地域特色，对于全国消费者来说，将产品的高技术特点和沿海地方特色有机结合，给了消费者较好的想象空间，企业实行的品牌关系策略也在一定程度上对企业的营销绩效产生了积极影响。从以上分析可知，广东海大集团的品牌营销策略对企业的营销绩效具有积极的影响作用。

综上所述，本研究通过广东海大集团的案例分析，对已构建的农业科技企业品牌营销策略的影响因素模型和农业科技企业品牌营销策略与营销绩效的理论模型进行了案例检验，检验结果表明，广东海大集团的实际情况符合本研究的两个理论模型，这说明本研究构建的理论模型符合农业科技企业实际，具有较好的理论与应用价值，有必要进一步进行大样本的实证检验，以便得出具有普适性的研究结论。

6.4 大样本实证分析

6.4.1 研究设计

6.4.1.1 变量的测量

根据已构建的理论模型，本研究共需要测量的变量有动态能力、市场导向、吸收能力、品牌形象策略、品牌定位策略、品牌延伸策略、品牌关系策略以及营销绩效等共八个变量。接下来，本研究就这八个变量的测量项进行详细的阐述。

动态能力：动态能力变量是农业科技企业品牌营销策略影响因素模型中的一个变量，根据文献调研和本研究的分析，动态能力主要包括独特资源、应对市场变化能力、整合资源能力和改造组织惯例能力等四个方面的内容。具体而言，对应问卷中的四个测量项分别表述为：企业相对来说拥有独特资源；企业应对市场变化的能力较强；企业整合资源能力较强；企业改造组织惯例的能力较强。

市场导向：市场导向变量是农业科技企业品牌营销策略影响因素模型中的另一个变量，根据文献调研和本研究的分析，市场导向主要包括竞争者导向、顾客导向、市场信息处理以及职能间协调等四个方面的内容。具体而言，在问卷中的四个测量项分别表述为：企业的经营活动具有竞争者导向；企业的经营活动具有顾客导向；企业的市场信息处理能力较强；企业职能间协调能力较强。

吸收能力：吸收能力是农业科技企业品牌营销策略影响因素模型中的中介变量，根据相关的文献和本研究的分析，吸收能力包括识别能力、评价能力、消化能力以及应用能力等四个方面的内容。具体来说，在问卷中的四个测量项分别表述为：企业识别知识的能力较强；企业评价知识的能力较强；企业消化知识的能力较强；企业应用知识的能力较强。

品牌形象策略：根据品牌形象策略的内涵，本研究认为品牌形象策略包括功能性形象、体验性形象和象征性形象等三个方面的内容。具体来说，问卷中对应的三个测量项的表述为：企业比较注重产品或服务的功能性形象；企业比较注重产品或服务的体验性形象；企业比较注重产品或服务的象征性形象。

品牌定位策略：根据品牌定位策略的内涵，本研究认为品牌定位策略包括目标市场细分、产品差异化、价格差异化等三个方面的内容。具体而言，对应问卷中的三个测量项的表述为：企业比较注重产品或服务目标市场的细分；企业比较注重产品或服务的差异化；企业比较注重产品或服务价格的差异化。

品牌延伸策略：根据品牌延伸策略的内涵，本研究认为品牌延伸策略包括品牌知名度、产品多元化、产品相关性等三个方面的内容。具体来说，对应问卷中的三个测量项的表述为：企业产品或服务的品牌知名度较高；企业的产品或服务的种类较丰富；企业产品或服务之间的相关程度较高。

品牌关系策略：根据品牌关系策略的内涵，本研究认为品牌关系策略包括品牌与消费者的关系、品牌与产品的关系、品牌与品牌的关系、品牌与利益相关者的关系等四个方面的内容。具体来说，企业比较好地处理了品牌与消费者的关系；企业比较好地处理了品牌与产品的关系；企业比较好地处理了品牌与品牌的关系；企业比较好地处理了品牌与利益相关者的关系。

营销绩效：根据营销绩效的内涵和本研究的特点，营销绩效包括顾客认知度、营销创新度、产品市场表现以及营销学习能力等四个方面的内容。具体而言，对应问卷中的四个测量项为：企业品牌的顾客认知度较高；企业的营销活动比较具有创新性；企业的产品或服务的市场表现较强；企业的营销学习能力较强。

企业规模：企业规模是本研究的一个控制变量，根据现有相关文献的惯例，企业的规模一般是以企业人员的多少来衡量。本研究将企业的规模分为四个档次，即 100 人及以下、101～300 人、301～500 人、500 人以上等。

综上所述，本研究对已经构建的两个理论模型的相关变量的测量项进行了分析与表述，接下来，本研究根据上述分析与表述，对问卷进行具体的设计。

6.4.1.2 问卷的设计和样本数量的确定

本研究已经构建的两个理论模型经过冠农股份的案例分析检验之后，笔者认为有必要进一步对理论模型进行大样本的实证分析。问卷设计的目的就是为了获取大样本的调查数据。本研究问卷的调查对象主要是农业科技企业的中高层管理者，主要涉及战略规划部门、生产部门、营销部门等，同时针对本研究的特点，也将营销部门的基层人员列为调查对象。本问卷要求被调查者根据企业的实际情况和个体的认识进行填写。问卷量表主要采用 Likert 5 级量表的形式（“1”代表非常不同意，“5”代表非常同意）。

本研究将以结构方程为基本原理的路径分析和验证性因子分析相结合，探索和研究变量间的逻辑关系，对假设模型进行契合度的检验。在使用结构方程模型理论估计和解释变量时，样本规模对最终结果有一定的影响，因为容量少于 100 的样本所产生的相关矩阵不够稳定，会使结构方程分析结果的信度降低（马庆国，2002）。因此，考虑到问卷发放的回收率和有效率，研究者所掌握的农业科技企业相关的社会资源限制以及研究条件所限制等研究因素，本研究正式样本数量定为 296 份。

在问卷初步设计完成后，本研究主持者邀请了企业战略管理和营销管理方面的两位教授和五位研究生对问卷具体测量项的表述进行了适当的修正，以避免语句歧义等现象的发生，以增强问卷的效度。在此基础上，邀请了 20 位相关人员对问卷进行了小范围的预试，通过他们的填写并在此基础上与他们进行的访谈，本研究针对他们反映的问题进一步对问卷进行了一定的修正，以进一步提升问卷的效度。经过上述两次修正，本研究认为，问卷已经符合本研究的大样本实证研究，进而本研究接下来进行问卷的发放与回收。

6.4.1.3 问卷的发放与回收

本研究的研究对象是农业科技企业，在问卷发放的过程中，本研究选择了包括新疆在内的西北地区、中部地区以及西南地区等区域的 37 家农业科技企业的 296 名相关人员进行了问卷调查，每家企业依据不同的岗位选择 8 名相关人员进行问卷调查，他们基本上是这 37 家农业科技企业中与本研究相关的人员，主要涉及战略规划部门、生产部门、营销部门等部门。在问卷发放的同时，对问卷的相关内容进行了适当的说明，以便被调查人员能够较好地填写问卷。在本研究相关人员的努力下，本研究共计发放 296 份调查问卷，回收了 277 份问卷，在此基础上本研究剔除了具有连续 5 个以上相同测量项数字的问卷以及漏选等情况的 19 份无效问卷，最终获取了 258 份有效调查问卷，问卷调查的有效回收率为 87.2%，这说明本研究发放与回收问卷的效率较高。

到目前为止，本研究已经完成了调查问卷的设计、发放与回收，完成了大样本实证分析的数据收集工作。接下来，本研究介绍数据分析需要使用到的数据分析方法和分析工具。

6.4.1.4 数据分析方法与工具

本研究采用 SPSS 17.0 和 AMOS 7.0 进行数据分析，SPSS 17.0 主要是进行样本的描述性统计、相关分析、因子分析、回归分析等；AMOS 7.0 主要是进行验证性因子分析和路径分析。

6.4.2 大样本描述性统计

表 6-1 样本的描述性统计（*N*=258）

变 量	类 别	人 数	百分比（%）	变 量	类 别	人 数	百分比（%）
性 别	男	194	75.2	岗位类别	营销类	112	43.4
	女	64	24.8		中层管理	71	27.5
年 龄	25岁以下	64	24.8		战略规划	26	10.1
	26～35岁	166	64.3		生产类	39	15.1
	36～45岁	26	10.1		其他	10	3.9
	46岁以上	2	0.8	行业特征	食品行业	111	43.0
学 历	大专及以下	48	18.6		养殖行业	58	22.5
	本科	122	47.3		饲料行业	41	15.9
	硕士	85	32.9		种子行业	16	6.2
	博士	3	1.2		其他	32	12.4
企业规模	100人以下	44	17.1				
	101～300	76	29.5				
	301～500	53	20.5				
	500以上	85	32.9				

从表 6-1 来看，本研究的大样本调查数据中，男性为 194 名，占总体的 75.2%，

为样本的大多数，符合农业科技企业的总体特征。年龄中35岁以下的占有89.1%，为样本的绝大多数，这也符合农业科技企业员工年轻化的倾向。从学历来看，本科生与硕士研究生占有80.2%，这说明本研究的调查对象的知识层次较高，能够满足本研究对学历层次的要求。企业规模的分布比较均匀，这说明农业科技企业的发展层次比较合理，也说明本研究的样本具有一定的代表性。从岗位类别来看，营销类几乎占有近半的比例，符合本研究的营销相关主题，还有中层与战略规划占有37.6%，也符合本研究预定的调查对象的计划，因而说明本研究样本的人员岗位构成能够为本研究提供合理的数据。从行业特征来看，食品行业占有43.0%，这与本研究的营销主题相关，农业科技企业中，食品行业的营销具有一定的代表性。从以上分析可知，本研究的调查数据符合本研究对样本的要求，因此，本研究获取的数据能够作为本研究理论模型大样本实证分析的数据。

6.4.3 相关分析

表6-2 主要变量的相关分析

	1	2	3	4	5	6	7	8
动态能力	1							
市场导向	0.560**	1						
吸收能力	0.359**	0.394**	1					
形象策略	0.325**	0.382**	0.527**	1				
定位策略	0.334**	0.252**	0.331**	0.346**	1			
延伸策略	0.251**	0.309**	0.252**	0.296**	0.304**	1		
关系策略	0.377**	0.351**	0.412**	0.360**	0.293**	0.208**	1	
营销绩效	0.325**	0.363**	0.413**	0.547**	0.481**	0.418**	0.282**	1
均值	5.36	5.08	5.06	5.14	5.31	4.90	5.01	5.04
方差	0.67	0.97	0.65	0.65	0.62	0.74	0.70	0.65

注：**表示在p<0.01的水平上显著。

从表6-2可以看出，本研究的主要变量动态能力、市场导向、吸收能力、品牌形象策略、品牌定位策略、品牌延伸策略、品牌关系策略、营销绩效等的相关系数都在p<0.01的水平上显著，这说明本研究的主要变量之间的相关性较好，适

合进一步的分析。

6.4.4 因子分析

本研究首先采用 SPSS17.0 对本研究获取的样本数据进行探索性因子分析，探索性因子分析的结果为 *KMO*=0.873，Bartlett 半球检验在 $p<0.001$ 的水平上显著，说明本研究获取的数据适合进行因子分析。探索性因子分析正好将本研究的 33 个测量项因子分析成为 8 个主成分，这说明本研究的问卷设计以及样本数据的质量都较高，样本数据符合本研究的理论假设。探索性因子分析的主成分旋转矩阵如表 6-3 所示。

表 6-3 主成分旋转矩阵

主成分 / 测量因子	主成分							
	1	2	3	4	5	6	7	8
F1	0.016	0.062	0.203	0.147	0.183	0.119	0.784	0.024
F2	0.272	0.079	0.138	0.059	0.149	-0.030	0.734	0.102
F3	0.368	0.083	-0.012	0.064	-0.121	0.179	0.560	0.147
F4	0.340	0.068	0.155	0.095	0.047	0.211	0.573	-0.080
F5	0.655	0.057	0.197	0.160	0.140	0.164	0.243	0.106
F6	0.802	0.101	0.076	0.141	0.145	0.064	0.168	0.074
F7	0.823	0.075	0.139	0.018	0.104	-0.055	0.159	0.025
F8	0.748	0.150	0.051	0.154	0.061	0.072	0.115	0.131
F9	0.262	0.134	0.749	0.174	0.062	0.101	0.101	0.069
F10	0.059	0.013	0.766	0.012	0.041	0.104	0.170	0.136
F11	0.182	0.088	0.679	0.192	0.081	-0.049	0.082	0.001
F12	-0.039	0.065	0.717	0.110	0.151	0.153	0.063	-0.034
F13	0.150	0.235	0.166	0.213	0.768	0.103	0.121	0.023
F14	0.084	0.254	0.155	0.193	0.755	0.072	0.104	0.072
F15	0.176	0.198	0.060	0.211	0.729	0.110	0.069	0.115
F16	0.185	0.250	0.120	0.646	0.215	-0.054	0.117	0.001
F17	0.196	0.250	0.038	0.770	0.069	-0.016	0.172	-0.005

（续表）

F18	0.060	0.045	0.165	0.693	0.223	0.235	0.077	0.147
F19	0.067	-0.061	0.255	0.699	0.167	0.211	0.004	0.060
F24	0.094	0.008	0.031	-0.076	0.209	0.144	0.006	0.839
F25	0.100	0.190	0.092	0.137	-0.046	0.097	0.021	0.811
F26	0.135	0.394	0.037	0.157	0.048	-0.002	0.215	0.569
F27	0.091	0.095	0.162	0.003	0.042	0.769	0.105	0.100
F28	0.047	0.164	0.090	0.104	0.102	0.808	0.132	0.067
F29	0.045	0.328	0.026	0.208	0.113	0.655	0.078	0.081
F30	0.114	0.720	0.079	0.112	0.077	0.285	0.183	0.057
F31	-0.022	0.736	0.123	0.126	0.190	0.028	0.042	0.182
F32	0.228	0.588	0.021	0.103	0.286	0.317	0.019	0.129
F33	0.186	0.737	0.090	0.073	0.255	0.170	0.010	0.086

在探索性因子分析的基础上，本研究进一步采用 AMOS 7.0 进行了验证性因子分析，以进行信度与效度的检验。结果如表 6-4 所示。

表 6-4 信度与效度的检验

编号	测量项内容	因子载荷	Alpha
	动态能力		
1	企业相对来说拥有独特资源	0.58	0.736
2	企业应对市场变化的能力较强	0.52	
3	企业整合资源能力较强	0.76	
4	企业改造组织惯例的能力较强	0.73	
	市场导向		
5	企业的经营活动具有竞争者导向	0.71	0.842
6	企业的经营活动具有顾客导向	0.77	
7	企业的市场信息处理能力较强	0.85	
8	企业职能间协调能力较强	0.70	
	吸收能力		
9	企业识别知识的能力较强	0.70	0.777
10	企业评价知识的能力较强	0.77	
11	企业消化知识的能力较强	0.65	
12	企业应用知识的能力较强	0.61	

（续表）

品牌形象策略			
13	企业比较注重产品或服务的功能性形象	0.83	0.824
14	企业比较注重产品或服务的体验性形象	0.79	
15	企业比较注重产品或服务的象征性形象	0.73	
品牌定位策略			
16	企业比较注重产品或服务目标市场的细分	0.67	0.763
17	企业比较注重产品或服务的差异化	0.84	
18	企业比较注重产品或服务价格的差异化	0.66	
品牌延伸策略			
19	企业产品或服务的品牌知名度较高	0.71	0.719
20	企业产品或服务的种类较丰富	0.78	
21	企业产品或服务之间的相关程度较高	0.55	
品牌关系策略			
22	企业比较好地处理了品牌与消费者的关系	0.83	0.774
23	企业比较好地处理了品牌与产品的关系	0.70	
24	企业比较好地处理了品牌与品牌的关系	0.59	
25	企业比较好地处理了品牌与利益相关者的关系	0.60	
营销绩效			
26	企业品牌的顾客认知度较高	0.72	0.813
27	企业的营销活动比较具有创新性	0.64	
28	企业的产品或服务的市场表现较强	0.72	
29	企业的营销学习能力较强	0.82	

注：因子的载荷系数都在 $p<0.001$ 的水平上显著。

本研究已经对动态能力、市场导向、吸收能力、品牌形象策略、品牌定位策略、品牌延伸策略、品牌关系策略、营销绩效等主要变量进行了探索性因子分析、验证性因子分析以及信度分析。探索性因子分析与验证性因子分析的结果表明，本研究的问卷具有良好的效度，各概念的因子载荷都分别大于 0.5。信度分析的结果表明每个概念的 Cronbach α 都大于 0.7，这说明本研究的问卷具有良好的信度。

6.4.5 路径分析

6.4.5.1 直接模型路径分析

根据研究的需要本研究的直接模型路径分析分为三个模型进行分析，主要是将农业科技企业品牌营销策略影响因素模型分为两个子模型，以便于本研究中介模型的检验。

首先，本研究首先对农业科技企业品牌营销策略影响因素模型的两个子模型进行路径分析，结果如图 6-1 和图 6-2 所示。

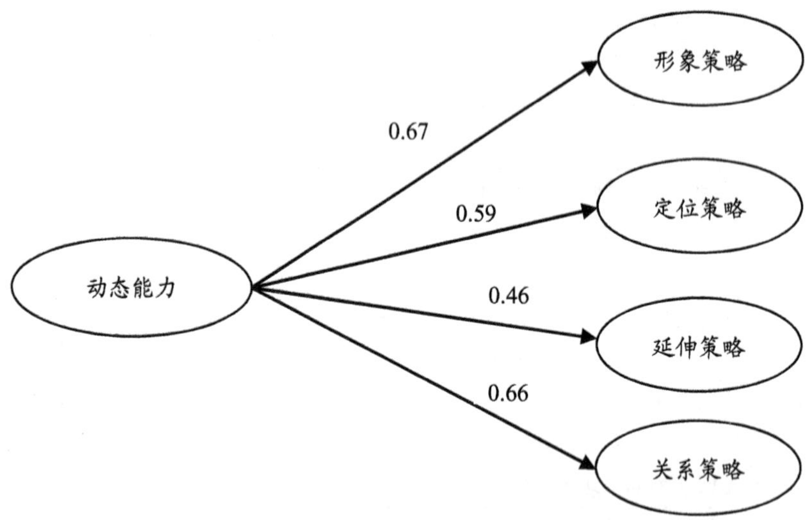

图 6-1 农业科技企业品牌营销策略影响因素模型 1

模型 1 的相关拟合指数，*x*2 为 147.647，*df* 为 113，*x*2/*df* 为 1.307，*RMSEA* 为 0.035，*GFI* 为 0.937，*CFI* 为 0.974，这说明模型 1 的拟合指数达到了结构方程模型的要求，表明模型 1 与样本数据的拟合度较好。动态能力到品牌形象策略的路径系数为 0.67，而且在 $p<0.001$ 的要求下显著，证实了本研究的假设 H1；动态能力到品牌定位策略的路径系数为 0.59，且在 $p<0.001$ 的情况下显著，证实了本研究的假设 H2；动态能力到品牌延伸策略的路径系数为 0.46，且在 $p<0.001$ 的情况下显著，证实了本研究的假设 H3；动态能力到品牌关系策略的路径系数为 0.66，且在 $p<0.001$ 的情况下显著，证实了本研究的假设 H4。

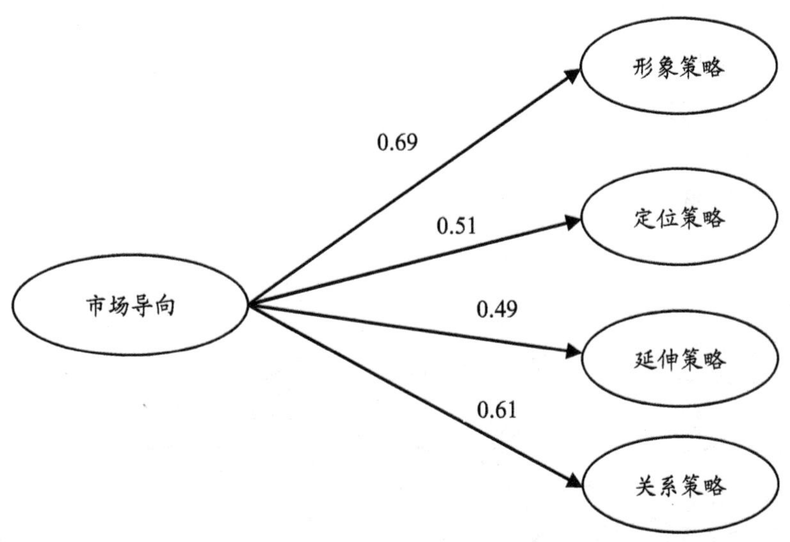

图 6-2 农业科技企业品牌营销策略影响因素模型 2

模型 2 的相关拟合指数，$x2$ 为 191.675，*df* 为 111，$x2/df$ 为 1.727，*RMSEA* 为 0.053，*GFI* 为 0.918，*CFI* 为 0.947，这说明模型 2 的拟合指数达到了结构方程模型的要求，表明模型 2 与样本数据的拟合度较好。市场导向到品牌形象策略的路径系数为 0.69，而且在 $p<0.001$ 的情况下显著，证实了本研究的假设 H5；市场到品牌定位策略的路径系数为 0.51，且在 $p<0.001$ 的情况下显著，证实了本研究的假设 H6；市场导向到品牌延伸策略的路径系数为 0.49，且在 $p<0.001$ 的情况下显著，证实了本研究的假设 H7；市场导向到品牌关系策略的路径系数为 0.61，且在 $p<0.001$ 的情况下显著，证实了本研究的假设 H8。

其次，本研究再对农业科技企业品牌营销策略与营销绩效的模型进行路径分析，结果如图 6-3 所示。

模型 3 的相关拟合指数，$x2$ 为 213.076，*df* 为 108，$x2/df$ 为 1.973，*RMSEA* 为 0.062，*GFI* 为 0.913，*CFI* 为 0.931，这说明模型 3 的拟合指数达到了结构方程模型的要求，表明模型 3 与样本数据的拟合度较好。品牌形象策略到营销绩效的路径系数为 0.23，而且在 $p<0.01$ 的情况下显著，证实了本研究的假设 H23；品牌定位策略到营销绩效的路径系数为 0.23，且在 $p<0.05$ 的情况下显著，证实了本研

究的假设 H24；品牌延伸策略到营销绩效的路径系数为 0.20，且在 $p<0.01$ 的情况下显著，证实了本研究的假设 H25；品牌关系策略到营销绩效的路径系数为 0.38，且在 $p<0.001$ 的情况下显著，证实了本研究的假设 H26。

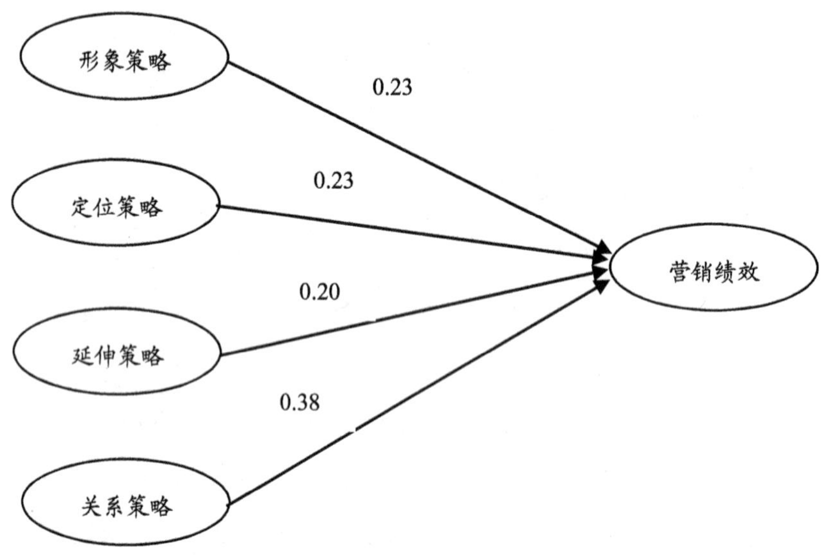

图 6-3 农业科技企业品牌营销策略与营销绩效模型 3

6.4.5.2 中介模型路径分析

本研究的中介模型路径分析主要是分析吸收能力在动态能力与品牌营销策略之间的中介作用以及在市场导向与品牌营销策略之间的中介作用。

首先，本研究分析吸收能力在动态能力与品牌营销策略之间的中介作用，结果如图 6-4 所示。

模型 4 的相关拟合指数，$x2$ 为 274.597，df 为 176，$x2/df$ 为 1.560，*RMSEA* 为 0.047，*GFI* 为 0.907，*CFI* 为 0.944，这说明模型 4 的拟合指数达到了结构方程模型的要求，表明模型 4 与样本数据的拟合度较好。动态能力到吸收能力的路径系数为 0.46，而且在 $p<0.01$ 的情况下显著，证实了本研究的假设 H9；吸收能力到品牌形象策略的路径系数为 0.55，而且在 $p<0.001$ 的情况下显著，证实了本研究的假设 H11；吸收能力到品牌定位策略的路径系数为 0.34，而且在 $p<0.01$ 的情

况下显著，证实了本研究的假设 H12；吸收能力到品牌延伸策略的路径系数为 0.26，而且在 $p<0.05$ 的情况下显著，证实了本研究的假设 H13；吸收能力到品牌关系策略的路径系数为 0.41，而且在 $p<0.001$ 的情况下显著，证实了本研究的假设 H14。

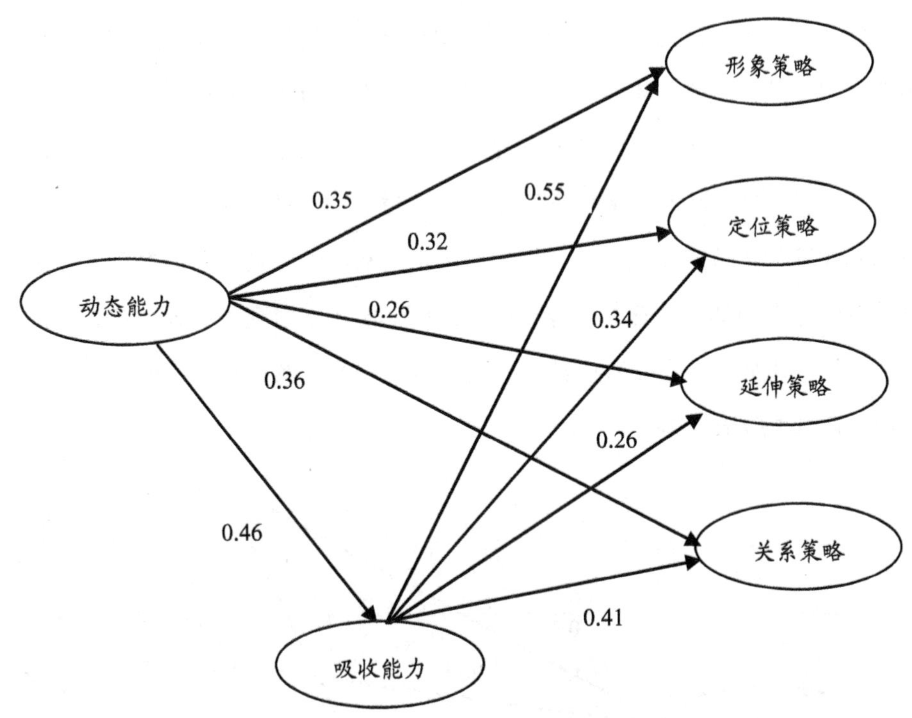

图 6-4 吸收能力中介模型 4

在引入了吸收能力的中介变量后，动态能力到品牌形象策略的路径系数为 0.35，而且在 $p<0.001$ 的情况下显著，而没有引入吸收能力中介变量前的路径系数为 0.67，而且在 $p<0.001$ 的情况下显著，这说明加入吸收能力的变量之后，动态能力到品牌形象策略路径系数的数值减小了，从而说明吸收能力在动态能力与品牌形象策略之间具有部分的中介作用，从而证实了本研究的假设 H15；动态能力到品牌定位策略的路径系数为 0.32，而且在 $p<0.01$ 的情况下显著，而没有引入吸收能力中介变量前的系数为 0.59，而且在 $p<0.001$ 的情况下显著，这说明加入吸收能力的变量之后，动态能力到品牌定位策略路径系数的数值减小了，从而说

明吸收能力在动态能力与品牌定位策略之间具有部分的中介作用，从而证实了本研究的假设 H16；动态能力到品牌延伸策略的路径系数为 0.26，而且在 $p<0.05$ 的情况下显著，而没有引入吸收能力中介变量前的系数为 0.46，而且在 $p<0.001$ 的情况下显著，这说明加入吸收能力的变量之后，动态能力到品牌延伸策略路径系数的数值减小了，从而说明吸收能力在动态能力与品牌延伸策略之间具有部分的中介作用，从而证实了本研究的假设 H17；动态能力到品牌关系策略的路径系数为 0.36，而且在 $p<0.001$ 的情况下显著，而没有引入吸收能力中介变量前的系数为 0.66，而且在 $p<0.001$ 的情况下显著，这说明加入吸收能力的变量之后，动态能力到品牌关系策略路径系数的数值减小了，从而说明吸收能力在动态能力与品牌关系策略之间具有部分的中介作用，从而证实了本研究的假设 H18。

其次，本研究分析了吸收能力在市场导向与品牌营销策略之间的中介作用，结果如图 6-5 所示。

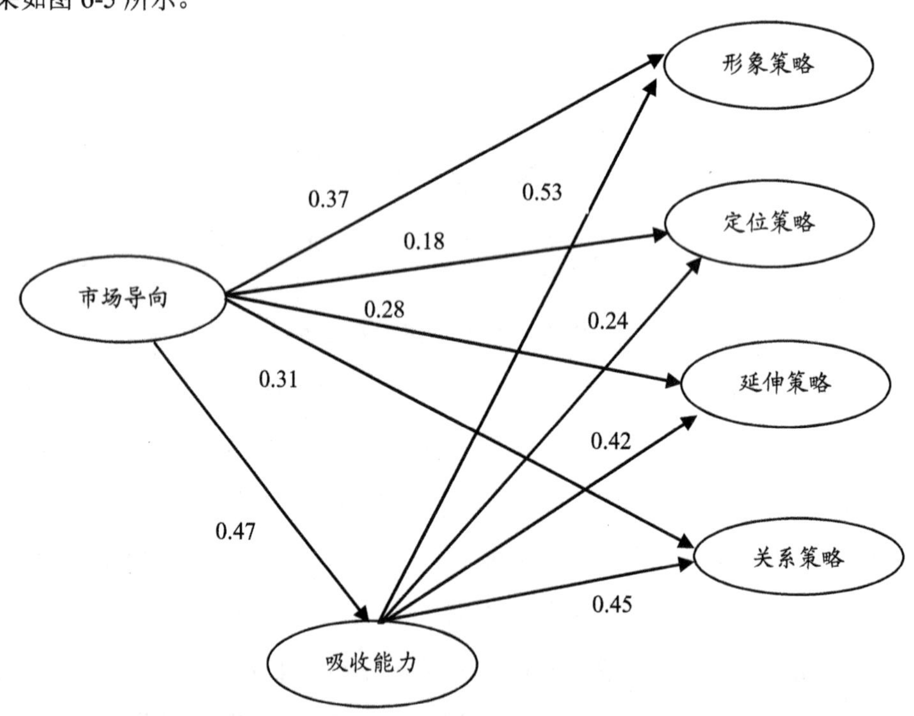

图 6-5 吸收能力中介模型 5

模型 5 的相关拟合指数，$x2$ 为 316.705，df 为 175，$x2/df$ 为 1.810，$RMSEA$ 为 0.056，GFI 为 0.894，CFI 为 0.928，这说明模型 5 的拟合指数达到了结构方程模型的要求，表明模型 5 与样本数据的拟合度较好。市场导向到吸收能力的路径系数为 0.47，而且在 $p<0.001$ 的情况下显著，证实了本研究的假设 H10；吸收能力到品牌形象策略的路径系数为 0.53，而且在 $p<0.001$ 的情况下显著，证实了本研究的假设 H11；吸收能力到品牌定位策略的路径系数为 0.24，而且在 $p<0.001$ 的情况下显著，证实了本研究的假设 H12；吸收能力到品牌延伸策略的路径系数为 0.42，而且在 $p<0.05$ 的情况下显著，证实了本研究的假设 H13；吸收能力到品牌关系策略的路径系数为 0.45，而且在 $p<0.001$ 的情况下显著，证实了本研究的假设 H14。

在引入了吸收能力的中介变量后，市场导向到品牌形象策略的路径系数为 0.37，而且在 $p<0.001$ 的情况下显著，而没有引入吸收能力中介变量前的系数为 0.69，而且在 $p<0.001$ 的情况下显著，这说明加入吸收能力的变量之后，市场导向到品牌形象策略路径系数的数值减小了，从而说明吸收能力在市场导向与品牌形象策略之间具有部分的中介作用，从而证实了本研究的假设 H19；市场导向到品牌定位策略的路径系数为 0.18，而且在 $p<0.01$ 的情况下不显著，而没有引入吸收能力中介变量前的系数为 0.51，而且在 $p<0.001$ 的情况下显著，这说明加入吸收能力的变量之后，市场导向到品牌定位策略路径系数不显著了，从而说明吸收能力在市场导向与定位策略之间具有完全的中介作用，从而证实了本研究的假设 H20；市场导向到品牌延伸策略的路径系数为 0.28，而且在 $p<0.05$ 的情况下显著，而没有引入吸收能力中介变量前的系数为 0.49，而且在 $p<0.001$ 的情况下显著，这说明加入吸收能力的变量之后，市场导向到品牌延伸策略路径系数的数值减小了，从而说明吸收能力在市场导向与品牌延伸策略之间具有部分的中介作用，从而证实了本研究的假设 H21；市场导向到品牌关系策略的路径系数为 0.31，而且在 $p<0.01$ 的情况下显著，而没有引入吸收能力中介变量前的系数为 0.61，而且在 $p<0.001$ 的情况下显著，这说明加入吸收能力的变量之后，市场导向到品牌关系

策略路径系数的数值减小了，从而说明吸收能力在市场导向与品牌关系策略之间具有部分的中介作用，从而证实了本研究的假设 H22。

6.4.6 大样本实证分析小结

本研究在大样本实证分析部分，共分为研究设计、样本描述性统计、相关分析、因子分析以及路径分析等五个部分。研究设计部分主要包括变量的测量、问卷设计、问卷的发放与回收以及数据分析工具的介绍等方面的内容，该部分直接关系到本研究大样本实证分析的数据收集，因而具有非常重要的地位和非常重要的意义。样本描述性统计部分主要介绍由问卷收集的数据的一些具体特征，比如被调查者的性别、学历、岗位类别等，经过对数据的分析，本研究认为问卷收集的数据符合本研究的研究要求，适合进一步的数据分析，以实证相关假设。相关分析部分主要对本研究涉及的八个主要变量进行相关分析，以为进一步的数据分析提供更好的效度支撑。因子分析部分主要进行了探索性因子分析和验证性因子分析，探索性因子分析的结果表明，本研究的问卷设计合理，验证性因子分析的结果表明本研究的问卷效度较好，在此基础上，本研究也对主要变量进行了信度分析，分析结果表明本研究的问卷具有较好的信度。路径分析部分主要进行了直接模型的路径分析和中介模型的路径分析，路径分析的结果证实了本研究提出的 26 个假设。

6.5 本章小结

本章是本研究的实证部分，主要由三个部分组成：研究方法论、典型案例检验以及大样本实证分析。

研究方法论部分：该部分主要介绍了研究方法和实证分析方法。结合本研究对以下方法进行了详细的介绍，即文献调研、观察法、头脑风暴法、案例调查研究、深度访谈以及问卷调查与计量分析等六个研究方法；同时结合本研究对典型案例分析和大样本实证分析的方法进行了详细的阐述。研究方法论部分介绍的研究方法和实证分析方法对本研究理论模型的构建与假设的提出具有很强的指引作用，同时为本研究的典型案例分析和大样本实证分析提供了方法论的支撑。

典型案例检验部分：该部分主要根据本研究提出的农业科技企业品牌营销策略的影响因素模型和农业科技企业品牌营销策略与营销绩效的理论模型，结合具有代表性的案例进行检验性分析。本研究根据研究需要选择了新疆冠农果茸集团股份有限公司和广东海大集团作为两个典型案例对本研究提出的理论模型进行检验，检验结果表明冠农股份和广东海大集团的实际情况符合本研究的两个理论模型，这说明本研究构建的理论模型符合农业科技企业实际，具有较好的理论与应用价值，有必要进一步进行大样本的实证检验，以便得出具有普适性的研究结论。

大样本实证分析部分：该部分主要采用大样本问卷调查的方式，通过数据分析对本研究提出的农业科技企业品牌营销策略的影响因素模型和农业科技企业品牌营销策略与绩效的理论模型进行实证。该部分共分为研究设计、样本描述性统计、相关分析、因子分析以及路径分析等五个部分。研究设计部分主要包括变量的测量、问卷设计、问卷的发放与回收以及数据分析工具的介绍等方面的内容，该部分直接关系到本研究大样本实证分析的数据收集，因而具有非常重要的地位和非常重要的意义。样本描述性统计部分主要介绍由问卷收集的数据的一些具体特征，比如被调查者的性别、学历、岗位类别等，经过对数据的分析，本研究认为问卷收集的数据符合本研究的研究要求，适合进一步的数据分析以实证相关假设。相关分析部分主要对本研究涉及的八个主要变量进行相关分析，以为进一步的数据分析提供更好的效度支撑。因子分析部分主要进行了探索性因子分析和验证性因子分析，探索性因子分析的结果表明，本研究的问卷设计合理，验证性因子分析的结果表明本研究的问卷效度较好，在此基础上，本研究也对主要变量进行了信度分析，分析结果表明本研究的问卷具有较好的信度。路径分析部分主要进行了直接模型的路径分析和中介模型的路径分析，路径分析的结果证实了本研究提出的 26 个假设。

7 第七章 农业科技企业品牌营销策略的管理启示

根据本研究构建的农业科技企业品牌营销策略影响因素理论模型和农业科技企业品牌营销策略与绩效的理论模型及得到的分析结果，可以得到农业科技企业品牌营销策略的管理启示如下。

7.1 农业科技企业品牌营销策略影响因素模型的管理启示

根据本研究提出的农业科技企业品牌营销策略影响因素理论模型及其实证分析，本研究认为农业科技企业可以从三个方面提升品牌营销策略的能力，即动态能力、市场导向以及吸收能力等。

7.1.1 动态能力方面的管理启示

本研究已经证实了农业科技企业动态能力对品牌营销策略的重要影响作用，因而提升企业的动态能力有助于农业科技企业品牌营销策略水平的提升。基于本研究已经构建的理论模型，可以从以下四个方面提升农业科技企业的动态能力，从而提升品牌营销策略水平。

7.1.1.1 获取独特资源

根据资源基础观，企业竞争力的源泉就是企业具有稀缺的、难以模仿的、不可替代的以及有价值的资源。企业获取独特资源对于提升企业的动态能力具有非常重要的作用。 农业科技企业品牌营销策略的实行是需要一定的资源作为基础的，企业获取独特资源能够更好地提升品牌营销策略的水平。当然，企业获取独特资源对于企业各方面的发展都具有很大的促进作用，企业资源基础观和动态能力观都说明了这一点。因此，本研究建议农业科技企业尽量获取独特资源，从而提升企业的动态能力，进而提升企业的品牌营销策略实行水平。

我们可以把获取独特资源提升企业的品牌营销策略水平，进而提升企业的营销绩效的结论称为企业资源论，即农业科技企业拥有的独特资源，可以使企业获取比其他企业更强的竞争优势，能够比竞争对手更好、更省地开展各项活动。有价值的资源可能是某一特定的职能，如研发，也可能是某项资产，如品牌标志。由于资源的价值是它们与市场力量相互作用的结果。因此一种资源要能成为企业的独特资源，必须通过外部市场对其价值的一系列测试，如不可模仿性测试、持久性测试、专有性测试、可替代性测试、竞争优越性测试等。还要认识到独特资源的价值会随着时间的推移和竞争的持续而减少，因此还必须不断进行资源投资和资源升级，在具有吸引力的行业里利用这些资源，使之能够创造竞争优势。总之，无论企业是在依靠核心竞争力来制定战略，还是在打造一个学习型组织，抑或正处于变革转型之中，都要具备一整套独特的资源和能力。而要做到这一点，企业必须密切关注行业动态和竞争局势，并对拥有的资源进行严格的市场测试。企业制定的战略只有融合了对企业独特资源和竞争环境的深刻理解，企业才能真正获得竞争优势。

7.1.1.2 提升市场应变能力

在快速变化的环境下,企业不但要注重提升内部管理能力，而且更要注重对外部市场的洞察和能动驾驭，并保持组织的灵活性（林萍，2008）。农业科技企业的市场应变能力能够为企业及时发现消费者对品牌形象认知的变化，特别是挖掘消费者对新的品牌形象的偏好；企业通过市场应变能力能够及时挖掘不同消费群体对企业产品或服务的需求差异，从而能够提升企业实行品牌定位策略的水平；企业通过市场应变能力发掘企业产品或服务的发展方向，以拓展企业产品或服务的类别，从而为企业实行品牌延伸策略做准备；企业通过市场应变能力不断发现品牌与相关利益方的关系问题，以不断完善企业的品牌关系，从而为企业的品牌关系策略提供支撑。因此，本研究建议农业科技企业提升市场应变能力，从而提升企业的动态能力，进而提升企业的品牌营销策略实行水平。

7.1.1.3 提升资源整合能力

农业科技企业对现有资源和信息的有效整合，也能够在一定程度上提升企业的动态能力。这种内在能力的提升，能够为企业低成本提升动态能力提供现实的路径。资源整合能力的提升有利于农业科技企业整合已有资源，以较低成本比较有效地提升企业的品牌营销策略的水平。因此，本研究建议农业科技企业提升自身的资源整合能力，从而提升企业的动态能力，进而提升企业的品牌营销策略实行水平。

农业科技企业提升自身的资源整合能力，实现企业内部资源的共享，需要企业科学的组织结构的支持，需要一个良好的企业集团文化平台，需要一个好的企业内部资源共享信息平台以及一个企业集团内部资源控制与协调体系，以保障企业内部资源整合的有效运行。

7.1.1.4 改造组织惯例

农业科技企业通过改造组织惯例，能够提升整个组织的运行效率。企业运行效率的提升有助于企业获取独特资源，有助于企业提升市场应变能力，有助于企业提升资源整合能力，从而间接提升了企业品牌营销策略的水平。直接地说，企业改造组织惯例也能够直接提升企业品牌营销策略的实行效率。因此，本研究建议农业科技企业根据需要，适时改造自身的组织惯例，从而提升企业的动态能力，进而提升企业的品牌营销策略实行水平。

许运娜（2003）认为企业的动态能力来源于沿着特定路径确立和发展的组织惯例，这种能力的发展强调的重点是组织的不断学习。白景坤和顾飞（2011）认为具有“路径依赖”特征的组织学习惯例是引发组织运营惯例演化并生成动态能力的主导过程。因此，改造组织惯例要从强调组织学习入手，不断促成合理的企业运营惯例演化并最终成为企业动态能力生成的逻辑起点。

综上所述，农业科技企业能够从获取独特资源、提升市场应变能力、提升资源整合能力以及改造组织惯例等四个方面提升农业科技企业的动态能力，从而进一步提升农业科技企业品牌营销策略的实行水平。

7.1.2 市场导向方面的管理启示

本研究已经证实了农业科技企业市场导向对品牌营销策略的重要影响作用，因而提升企业的市场导向有助于农业科技企业品牌营销策略水平的提升。基于本研究已经构建的理论模型，可以从以下四个方面提升农业科技企业的市场导向，从而提升品牌营销策略水平。

7.1.2.1 竞争者导向

竞争者导向就是要让农业科技企业能够对竞争对手保持关注，并结合自身的情况进行分析，为企业制定品牌营销策略提供参考。根据本研究的分析，农业科技企业需要时刻关注竞争者的动态，获取相应的市场情报，以便企业知己知彼，从而根据竞争对手的情况，适时调整企业的品牌营销策略水平。竞争者导向能够让企业的品牌营销策略具有较强的竞争性和针对性。因此，本研究建议农业科技企业建立适合自身发展的竞争者导向，以提升企业的市场导向，从而提升企业的品牌营销策略的实行水平。

7.1.2.2 顾客导向

顾客导向主要是企业通过满足顾客需求，与顾客建立良好的关系。这一方面可以提升企业的顾客忠诚度，另一方面可以从顾客那里获取重要的市场信息，这两个方面都对企业的市场活动具有非常重要的意义。因此，本研究建议农业科技企业注重顾客导向的重要作用，顾客导向对提升企业的市场导向具有重要作用，从而有利于企业提升品牌营销策略的实行水平。

7.1.2.3 市场信息处理能力

市场信息处理能力主要是企业将已获取的市场信息转化为市场行动的能力。

市场信息处理能力涉及市场活动的各个方面，比如竞争者导向、顾客导向等，企业提升市场信息处理能力能够提升市场活动的效率和效果。因此，本研究建议农业科技企业注重加强企业的市场信息处理能力，包括企业内部信息系统和企业间信息系统，企业内部信息系统解决企业内部管理的问题，企业间信息系统则解决企业间供应链管理问题，二者结合形成综合化的信息系统，从而提升企业的市场导向，进而提升企业的品牌营销策略的实行水平。

7.1.2.4 职能间协调

职能间协调主要涉及企业各部门之间的协作能力。农业科技企业各部门的协作对于市场部门的各项活动具有非常重要的作用，比如市场部门与生产部门的协作、市场部门与财务部门的协作等，这些部门间的协作对于提升企业的市场活动效率与效果具有很大的支撑作用。因此，本研究建议农业科技企业注重企业各部门职能间的协调，从而提升企业的市场导向，进而提升企业的品牌营销策略的实行水平。

综上所述，农业科技企业能够从竞争者导向、顾客导向、市场信息处理能力以及职能间协调等四个方面提升企业的市场导向，从而能够进一步提升农业科技企业的品牌营销策略的实行水平。

7.1.3 吸收能力方面的管理启示

本研究已经证实了吸收能力在动态能力与品牌形象策略、品牌定位策略、品牌延伸策略、品牌关系策略之间的中介作用以及吸收能力在市场导向与品牌形象策略、品牌定位策略、品牌延伸策略、品牌关系策略之间的中介作用，尤其值得强调的是，吸收能力在市场导向与品牌定位策略之间具有完全的中介作用。基于上述研究结论，本研究阐释有关吸收能力的管理启示。吸收能力的中介作用表明，农业科技企业的动态能力、市场导向在一定程度上是通过企业吸收能力的桥梁作用。对企业的品牌营销策略产生影响。因此，本研究建议农业科技企业提升企业的吸收能力，从而提升企业的品牌营销策略的实行水平。企业提升吸收能力主要从四个方面实现，即企业识别知识的能力、企业评价知识的能力、企业消化知识的能力以及企业应用知识的能力。

7.1.3.1 企业识别知识的能力

企业识别知识的能力对于企业发掘和获取知识具有非常重要的作用，比如企业识别市场信息、独特资源等，都需要企业具有比较好的识别知识的能力。企业能够识别所需的知识资源有利于企业提升利用知识和信息的效率。因此，本研究建议农业科技企业加强企业识别知识的能力，以提升企业的吸收能力，从而让企业更好地利用动态能力和市场导向去提升品牌营销策略的实行水平。

7.1.3.2 企业评价知识的能力

企业评价知识的能力对于企业获取所需的信息和知识具有十分重要的意义，比如市场信息的重要性级别等，都需要企业具有较好的评价能力。企业评价知识的能力有利于企业辨别信息的重要程度。因此，本研究建议农业科技企业加强企业评价知识的能力，以提升企业的吸收能力，从而让企业更好地利用动态能力和市场导向去提升品牌营销策略的实行水平。

7.1.3.3 企业消化知识的能力

企业消化知识的能力对于企业已获取的信息和知识的利用具有非常重要的意义，比如企业利用获取的信息制定品牌策略等，都需要企业具有较好的消化能力。企业消化知识的能力有利于企业较好地利用已获取的信息和知识。因此，本研究建议农业科技企业加强企业消化知识的能力，以提升企业的吸收能力，从而让企业更好地利用动态能力和市场导向去提升品牌营销策略的实行水平。

7.1.3.4 企业应用知识的能力

企业应用知识的能力对于企业最大化实现已获取的信息和知识的价值具有很重要的意义，比如企业将获取的知识进行品牌策略的创新等，都需要企业具有较好的应用知识的能力。企业应用知识的能力有利于企业实现已获取信息和知识的价值。因此，本研究建议农业科技企业加强企业应用知识的能力，以提升企业的吸收能力，从而让企业更好地利用动态能力和市场导向去提升品牌营销策略的实行水平。

综上所述，本研究根据农业科技企业品牌营销策略影响因素理论模型分别从动态能力、市场导向以及吸收能力等三个方面阐述了管理启示。其中，动态能力包括获取独特资源、提升市场应变能力、提升资源整合能力以及改造组织惯例等四个方面的内容；市场导向包括竞争者导向、顾客导向、市场信息处理能力以及职能间协调等四个方面的内容；吸收能力包括企业识别知识的能力、企业评价知识的能力、企业消化知识的能力以及企业应用知识的能力等四个方面的内容。

7.2 农业科技企业品牌营销策略与绩效理论模型的管理启示

根据已经证实的农业科技企业品牌营销策略与绩效理论模型，即品牌形象策略、品牌定位策略、品牌延伸策略、品牌关系策略对营销绩效的正向影响作用，本研究从品牌形象策略、品牌定位策略、品牌延伸策略、品牌关系策略等四个方面阐述管理启示。

7.2.1 品牌形象策略的管理启示

品牌形象策略主要是企业在品牌营销过程中注重企业产品或服务品牌的形象，比如企业产品或服务的顾客体验效果、顾客感知价值等。品牌形象策略直接影响企业产品或服务在消费者心中的形象，进而会在很大程度上影响消费者对农业科技企业产品或服务的感知，进一步影响企业的营销绩效。因此，本研究建议农业科技企业注重产品或服务的品牌形象策略的应用，分别从企业产品或服务的功能性形象、体验性形象以及象征性形象等三个方面提升品牌形象策略的应用，从而进一步提升企业的营销绩效。

7.2.2 品牌定位策略的管理启示

品牌定位策略主要涉及农业科技企业产品或服务的多元化、差异化等方面的营销活动。品牌定位策略能够让农业科技企业的产品或服务针对不同的顾客群体进行市场细分，从而农业科技企业能够更好地为细分市场的顾客服务，满足特定顾客群体的需求，这有助于提升顾客对农业科技企业产品或服务的感知，进而有利于提升企业产品或服务的营销绩效。因此，本研究建议农业科技企业重视产品或服务的品牌定位策略的应用，分别从产品或服务的目标市场细分、种类差异化、价格差异化等三个方面提升品牌定位策略的应用，从而进一步提升企业的营销绩效。

7.2.3 品牌延伸策略的管理启示

品牌延伸策略主要是指农业科技企业对现有知名品牌的合理利用，从而为新产品或服务的营销带来一定的优势。品牌营销策略能够让顾客通过现有的知名品牌的影响力去购买农业科技企业的新产品或新服务。品牌延伸策略在信息不对称条件下，为企业与顾客提供了非常经济的认知通道，既为农业科技企业的新产品或新服务的推广提供了便利，又为目标顾客群体选择使用新产品或新服务提供了一定的质量信誉保证。这说明品牌延伸策略能够从企业与顾客两个方面提升农业科技企业的营销活动效率。因此，本研究建议农业科技企业重视产品或服务的品牌延伸策略的应用，分别从品牌知名度、种类数量、相关性等方面提升企业品牌延伸策略的应用，从而提升企业的营销绩效。

7.2.4 品牌关系策略的管理启示

品牌关系策略主要涉及品牌与品牌、消费者与品牌、产品与品牌、营销者与品牌、其他利益相关者与品牌等关系。品牌关系策略通过建立品牌与相关主体的联系，影响农业科技企业营销活动的效率。因此，本研究建议农业科技企业重视产品或服务的品牌关系策略的应用，分别从处理好品牌与消费者的关系、品牌与产品的关系、品牌与品牌的关系、品牌与利益相关者之间的关系等四个方面提升农业科技企业品牌关系策略的应用，进而提升企业的营销策略。

7.3 农业科技企业品牌营销策略对于消费者食品安全满意度的管理启示

农业科技企业的品牌营销策略的成功运用，能够成功提升农业科技企业的营销绩效，进而提升消费者对食品安全的满意度。品牌形象策略注重企业产品或服务的顾客体验效果、顾客感知价值等，直接影响企业产品或服务在消费者心中的形象，进而会在很大程度上影响消费者对产品或服务的感知，进而提升消费者对于食品安全的满意度；品牌定位策略针对不同的顾客群体进行市场细分，从而农业科技企业能够更好地为细分市场的顾客服务，满足特定顾客群体的需求，这有助于提升顾客对农业科技企业产品或服务的感知，进而提升消费者对食品安全的满意度；品牌延伸策略能够从企业与顾客两个方面提升农业科技企业的营销活动效率。进而影响消费者对产品或服务的感知，进而提升消费者对食品安全的满意度；品牌关系策略通过建立品牌与相关主体的联系，从而影响农业科技企业营销活动的效率，进而影响消费者对产品或服务的感知，进而提升消费者对食品安全的满意度。

由此可以得出农业科技企业品牌营销策略对于消费者食品安全满意度的管理启示，即应当从企业产品或服务的功能性形象、体验性形象以及象征性形象等三个方面提升品牌形象策略的应用，从而影响消费者对产品或服务的感知，进而提升消费者对食品安全的满意度；从产品或服务的目标市场细分、种类差异化、价格差异化等三个方面提升品牌定位策略的应用，影响消费者对产品或服务的感知，进而提升消费者对食品安全的满意度；从品牌知名度、种类数量、相关性等方面提升企业品牌延伸策略的应用，影响消费者对产品或服务的感知，进而提升消费者对食品安全的满意度；从处理好品牌与消费者的关系、品牌与产品的关系、品牌与品牌的关系、品牌与利益相关者之间的关系等四个方面提升农业科技企业品牌关系策略的应用，影响消费者对产品或服务的感知，进而提升消费者对食品安全的满意度。

7.4 本章小结

本章依据已证实的农业科技企业品牌营销策略影响因素理论模型和农业科技企业品牌营销策略与营销绩效的理论模型，从动态能力、市场导向、吸收能力等三个方面提出了提升农业科技企业品牌营销策略水平的管理启示。动态能力包括获取独特资源、提升市场应变能力、提升资源整合能力以及改造组织惯例等四个方面的内容；市场导向包括竞争者导向、顾客导向、市场信息处理能力以及职能间协调等四个方面的内容；吸收能力包括企业识别知识的能力、企业评价知识的能力、企业消化知识的能力以及企业应用知识的能力等四个方面的内容。

从品牌形象策略、品牌定位策略、品牌延伸策略以及品牌关系策略等四个方面提出了提升农业科技企业营销策略的应用，进而使企业取得优秀营销绩效的管理启示。从企业产品或服务的功能性形象、体验性形象以及象征性形象等三个方面提升品牌形象策略的应用，从而进一步提升企业的营销绩效；从产品或服务的目标市场细分、种类差异化、价格差异化等三个方面提升品牌定位策略的应用，从而进一步提升企业的营销绩效；从品牌知名度、种类数量、相关性等方面提升企业品牌延伸策略的应用，从而提升企业的营销绩效；从处理好品牌与消费者的关系、品牌与产品的关系、品牌与品牌的关系、品牌与利益相关者之间的关系等四个方面提升农业科技企业品牌关系策略的应用，进而提升农业科技企业的营销绩效。

得出了农业科技企业品牌营销策略对消费者食品安全满意度的管理启示，即应当从企业产品或服务的功能性形象、体验性形象以及象征性形象等三个方面提升品牌形象策略的应用；从产品或服务的目标市场细分、种类差异化、价格差异化等三个方面提升品牌定位策略的应用；从品牌知名度、种类数量、相关性等方面提升企业品牌延伸策略的应用；从处理好品牌与消费者的关系、品牌与产品的关系、品牌与品牌的关系、品牌与利益相关者之间的关系等四个方面提升农业科技企业品牌关系策略的应用，从而影响消费者对产品或服务的感知，进而提升消费者对食品安全的满意度。

8 第八章 结论与展望

8.1 研究结论

本研究通过文献调研、头脑风暴、观察法以及深度访谈等方法构建了农业科技企业品牌营销策略的影响因素理论模型和农业科技企业品牌营销策略与营销绩效的理论模型，并提出相应的理论假设。在此基础上，本研究选择典型案例进行了典型案例检验分析，并通过设计问卷进行大样本实证分析，对本研究提出的理论模型和研究假设进行了实证，最终得出以下结论。

8.1.1 证实了农业科技企业品牌营销策略的影响因素理论模型

本研究在农业科技企业品牌营销策略的影响因素理论模型部分共提出了 22 个研究假设，其中包括 8 个吸收能力中介模型的假设。这 22 个假设全部得到了本研究实证分析的证实，因而本研究得出以下研究结论：

农业科技企业动态能力对品牌形象策略具有正向影响作用；

农业科技企业动态能力对品牌定位策略具有正向影响作用；

农业科技企业动态能力对品牌延伸策略具有正向影响作用；

农业科技企业动态能力对品牌关系策略具有正向影响作用；

农业科技企业市场导向对品牌形象策略具有正向影响作用；

农业科技企业市场导向对品牌定位策略具有正向影响作用；

农业科技企业市场导向对品牌延伸策略具有正向影响作用；

农业科技企业市场导向对品牌关系策略具有正向影响作用；

农业科技企业动态能力对吸收能力具有正向影响作用；

农业科技企业市场导向对吸收能力具有正向影响作用；

农业科技企业吸收能力对品牌形象策略具有正向影响作用；

农业科技企业吸收能力对品牌定位策略具有正向影响作用；

农业科技企业吸收能力对品牌延伸策略具有正向影响作用；

农业科技企业吸收能力对品牌关系策略具有正向影响作用；

农业科技企业吸收能力在动态能力与品牌形象策略之间具有部分中介作用；

农业科技企业吸收能力在动态能力与品牌定位策略之间具有部分中介作用；

农业科技企业吸收能力在动态能力与品牌延伸策略之间具有部分中介作用；

农业科技企业吸收能力在动态能力与品牌关系策略之间具有部分中介作用；

农业科技企业吸收能力在市场导向与品牌形象策略之间具有部分中介作用；

农业科技企业吸收能力在市场导向与品牌定位策略之间具有完全中介作用；

农业科技企业吸收能力在市场导向与品牌延伸策略之间具有部分中介作用；

农业科技企业吸收能力在市场导向与品牌关系策略之间具有部分中介作用。

8.1.2 证实了农业科技企业品牌营销策略与营销绩效的理论模型

本研究在农业科技企业品牌营销策略与营销绩效的理论模型部分共提出了 4 个研究假设。这 4 个假设全部得到了实证分析的证实，因而本研究得出以下研究结论：

农业科技企业品牌形象策略对营销绩效具有正向影响；

农业科技企业品牌定位策略对营销绩效具有正向影响；

农业科技企业品牌延伸策略对营销绩效具有正向影响；

农业科技企业品牌关系策略对营销绩效具有正向影响。

8.2 研究展望

通过对本研究研究思路、研究方法、研究框架、研究过程以及研究结果的分析，本研究关于农业科技企业品牌营销策略的研究可以向以下方面拓展：

1. 农业科技企业品牌营销策略影响因素理论模型进一步扩充

本研究的品牌营销策略影响因素理论模型包含两个比较重要的影响因素，即动态能力和市场导向，虽然这两个影响因素确实对品牌营销策略具有重大影响作用，但是由于影响品牌营销策略的因素除了这两个因素外还有其他因素，其他因素的加入可能会产生因素之间的相互作用，导致结论发生变化。因此后续研究应该包含更多的影响因素，以便品牌营销策略的影响因素模型更加充实，得出的结论更具有说服力。

本研究在品牌营销策略的影响因素模型中引入了吸收能力的中介变量，实证表明，吸收能力的中介作用确实比较明显。后续研究可以引入更多的中介变量或者是调节变量，使得品牌营销策略的影响因素模型更具有理论价值和实践指导意义。

2. 农业科技企业品牌营销策略与营销绩效的理论模型进一步扩充

本研究的品牌营销策略与营销绩效的理论模型包含了四个品牌营销策略对营销绩效的影响作用，在一定程度上反映了品牌营销策略对营销绩效的作用。后续研究可以将一些调节变量和控制变量引入品牌营销策略与营销绩效的理论模型，以使该模型具有更大的理论价值和实践指导意义。

3. 研究样本可以更加多元化

本研究的样本仅仅来自于部分地区的农业科技企业，后续研究可以将样本扩大到不同区域，这样就可以让样本既具有更大的代表性，又可以进行不同区域的样本的比较研究。在样本方面，也可以扩充到更广泛的企业，而不局限于农业科技企业，这样的研究结论可能更具有普适性和理论价值。

参考文献

AAKER DAVID A, K L KELLER . 1990. Consumer evaluations of brand extensions. Journal of Marketing, 54(1) : 27-41.

AAKER DAVID A. 2004. Brand portfolio strategy. New York: The Free Press.

AILAWADI KUSUM L, DONALD R LEHMANN, SCOTT A NESLIN. 2003. Revenue premium as an outcome measure of brand equity. Journal of Marketing, 67 (10), 1-17.

AMIT R, SCHOEMAKER P J H. 1993. Strategic assets and organizational rent. Strategic Management Journal, 14(1): 33-46.

ANAND BHARAT N, RON SHACHAR. 2004. Brands as beacons: a new source of loyalty to multiproduct firms. Journal of Marketing Research, 41(5), 135-150.

ATUAHENE-GIMA K. 2005. Resolving the capability: rigidity paradox in new product innovation. Journal of Marketing, 69(10):61-83.

ATUAHENE-GIMA K, SLATER S F, OLSON EM. 2005.The contingent value of responsive and proactive market orientations for product innovation. Journal of Product Innovation Management, 22(6):464-482.

AZOULAY AUDREY, KAPFERER J N. 2003. Do brand personality scales really measure brand personality? Journal of Brand Management, 11(2):143-155.

BARNEY J B. 1986. Strategic factor markets: expectations, luck, and business strategy. Management Science, 32(10):1231-1241.

BARNEY J B. 1991. Firm resources and sustained competitive advantage. Journal of Management, 17(2): 99-120.

BAKER W E, SINKULA J M. 2007. Does market orientation facilitate balanced innovation programs? An organizational learning perspective. Journal of Product Innovation Management, 24(3):316-334.

BARON R M, KENNY D A.1986.The moderator-mediator variable distinction in social psychological research: conceptual, strategic and statistical considerations.

Journal of Personality and Social Psychology, 51(6):1173-1182.

BHAT SOBODH，SRINIVAS K REDDY． 1997. Symbolic and functional positioning of brands. Journal of Consumer Marketing, 15(1) :32-43.

BLAWATT K. 1995.Imagery: an alternative approach to the attribute image paradigm for shopping centers. Journal of Retailing and Consumer Services, 2(2):83-96.

BORDLEY, ROBERT. Determining the appropriate depth and breadth of a firm's product portfolio. Journal of Marketing Research, 2003, 40 (2):39-53.

BONOMA T V, CLARK B H.1988. Marketing performance assessment. Boston: Harvard Business School Press.

CARLOTTI STEPHEN J, MARY ELLEN COE, JESKO PERRY. 2004. Making brand portfolios work. McKinsey Quarterly, 40 (4):24-35.

CAPRON LAURENCE, JOHN HULLAND. 1999. Redeployment of brands, sales forces, and general marketing management expertise following horizontal acquisitions: a resource-based view. Journal of Marketing, 63 (4):41-54.

CALANTONE R J, A G SAWYER. 1978. The stability of benefit segments. Journal of Marketing Research, 15(3):395-404.

COHEN W, LEVINTHAL D. 1990. Absorptive capacity: a new perspective on learning and innovation. Administrative Science Quarterly, 35(1):128-152.

COOP W F. 2001. A question of identity. Journal of Marketing, 11(1):36-37.

CRONIN JR J J, S A Taylor. 1992. Measuring service quality: a reexamination and extension. Journal of Marketing, 56(3): 55-68.

C WHAN PARK, DEBORAH J MACINNIS, JOSEPH PRIESTER, et al. 2010. Brand attachment and brand attitude strength: conceptual and empirical differentiation of two critical brand equity drivers. Journal of Marketing, 74(1), 1-17.

DANNEELS E. 2008. Organizational antecedents of second-order competences. Strategic Management Journal, 29(5):519-543.

DAY G S. 1990. Market driven strategy: processes for creating value. New York: New York Free Press, 124-126.

DAY G S, FASHY LIAM. 1988. Valuing market strategies. Journal of Marketing,

52(7):45-57.

DESS G G , LUMPKIN T, COVIN J. 1997. Entrepreneurial strategic making and firm performance: tests of contingency and configurational models. Strategic Management Journal, 18(9):677-695.

EISENHARDT K M, MARTIN J A. 2000. Dynamic capabilities: what are they? Strategic Management Journal, 22: 1105-1121.

弗兰克·R.卡迪斯. 2003. 消费者行为与管理决策. 马龙龙,译. 北京：清华大学出版社.

菲利普·科特勒. 2001. 营销管理. 10 版. 梅汝和，梅清豪，周安柱，译.北京：中国人民大学出版社.

菲利普·科特勒. 2006. 营销管理. 12 版.上海：上海人民出版社.

FORNELL C, M D JOHNSON, E W ANDERSON, et al. 1996.The American customer satisfaction index: nature, purpose, and findings. Journal of Marketing, 58(3):7-18.

FOURNIER SUSAN. 1998. Consumers and their brands: developing relationship theory in consumer research. Journal of Consumer Research, 24 (4):343-373 .

FOSFURI A, TRIBO J A. 2008. Exploring the antecedents of potential absorptive capacity and its impact on innovation performance. The International Journal of Management Science, 36(1): 173-187.

HELFAT C E. 2007. Dynamic capabilities: understanding strategic change in organizations. London: Blackwell.

HESKETT J L, et al. 1994.Putting the service-profit chain to work. Harvard Business Review, 72(2):164-170.

JANSEN, VAN DEN BOSCH, VOLBERDA. 2005. Managing potential and realized absorptive capacity: how to organizational antecedents matter. Academy of Management Review, 48(6): 999-1015.

JULIAN C C. 2003. Export marketing performance: a study of Thailand firms. Journal of Small Business Management, 41(2), 213-221.

JULIAN C, O’CASS A. 2003. Examining firm and environmental influences on export marketing mix strategy and export performance of Australian exporters. European Journal of marketing, 37(3/4):366-384.

KAHN K B. 2001. Market orientation, interdepartmental integration, and product development performance. Journal of Product Innovation Management, 18(5):314-323.

KOHLI A K, JAWORSKI B J. 1990. Market orientation: the construct, research propositions, and managerial implications. Journal of Marketing,54(2): 1-18.

KUMAR N, STERN L, ACHROL R.1992. Assessing reseller performance from the perspective of the supplier. Journal of Marketing Research, 29(5):238-253.

KUMAR NIRMALYA. 2003. Kill a brand, keep a customer. Harvard Business Review, 81 (12): 86-95.

KYRIAKOPOULOS K, MOORMAN C. 2004.Tradeoffs in marketing exploitation and exploration strategies: the overlooked role of market orientation. International Journal of Research in Marketing, 21(3):219-240.

LANE, KOKA, PATHAK. 2006. The reification of absorptive capacity: a critical review and rejuvenation of the construct. Academy of Management Review, 31(4):833-863.

LENZ R T. 1980.Strategic capability: a concept and framework for analysis. Academy of Management Review, 5(2):225-234.

LEMER M, ALMOR T. 2002.Relationships among strategic capabilities and the performance of women-owned small ventures. Journal of Small Business Management, 40(2):109-125.

LUMPKIN G T, DESS G G. 1996.Clarifying the entrepreneurial orientation construct and linking it to performance. Academy of Management Review, 1(1):135-172.

MADDEN THOMAS J, FRANK FEHLE, SUSAN M FOURNIER, et al. 2006.Brands matter: an empirical investigation of brand building activities and the creation of shareholder value. Journal of the Academy of Marketing Science, 34 (2), 224-235.

MORRISON A J, ROTH K. 1992.A taxonomy of business-level strategies in global industries. Strategic Management Journal, 3(6):399-417.

NEIL A MORGAN, LOPO L. 2009.Regobrand portfolio strategy and firm performance. Journal of Marketing, 73(1), 59-74.

PARASURAMAN A, V A ZEITHAML, L L BERRY. 1985. A conceptual model of service quality and its implications for future research. Journal of Marketing, 49(4):41-50.

PERRY M, SHAO A T. 2005. Incumbents in a dynamic internet related services market: does customer and competitive orientation hinder or help performance? Industrial Marketing Management, 34(6):590-601.

PELHAM A M. 2000. Market orientation and other potential influences on performance in small and medium-sized manufacturing firms. Journal of Small Business Management, 38(1):48-63.

RAO, VITHALA R, MANOJ K AGARWAL, DENISE DAHLHOFF. 2004. How is manifest branding strategy related to the intangible value of a corporation? Journal of Marketing, 68(10):126-141.

EUSEBIO R, ANDREU J L, BELBEZE M P L. 2006. Measures of marketing performance: a comparative study from Spain. International Journal of Contemporary Hospitality Management, 18(2):145-155.

ROLAND T RUST, TIM AMBLER, GREGORY S CARPENTER, et al. 2004. Measuring marketing productivity: current knowledge and future directions. Journal of Marketing, 68 (10), 76-89.

SLATER S F, NARVER J C. 1994. Does competitive environment moderate the market orientation-performance relationship? Journal of Marketing, 58: 46-55.

JAN-BENEDICT E M STEENKAMP, RAJEEV BATRA, DANA L ALDEN. 2003. How perceived brand globalness creates brand value. Journal of International Business Studies, 34 (1), 53-65.

TEECE D J.2007.Explicating dynamic capabilities: the nature and microfoundations of (sustainable) enterprise performance. Strategic Management Journal, 28: 1319-1350.

TEECE D J, PISANO G. 1994.The dynamic capabilities of firms: an introduction.

Industrial and Corporate Change, 3: 537-556.

TEECE D J, PISANO G, SHUEN A.1997.Dynamic capabilities and strategic management. Strategic Management Journal, 18: 509-533.

VAN RIEL A C R, LEMMINK J, OUWERSLOOT H. 2004.High-technology service innovation success: a decision-making perspective. Journal of Product Innovation Management, 21(5):348-359.

VERHEES F J H M, MEULENBERG M T G. 2004. Market orientation, innovativeness, product innovation, and performance in small firms. Journal of Small Business Management, 42(2):134-154.

ZAHRA S A, GEORGE G. 2002.Absorptive capacity: a review, re-conceptualization and extension. Academy of Management Review, 27(2):185-203.

YEOH P L. 2009.Realized and potential absorptive capacity: understanding their antecedents and performance in the sourcing context. Journal of Marketing Theory and Practice, 17(1):21-36.

ZEITHAML V A. 1988. Consumer perceptions of price, quality, and value: a means-end model and synthesis of evidence. Journal of Marketing, 52(3):2-22.

陈启杰，江若尘，曹光明. 2010.“市场—政策”双重导向对农业企业绩效的影响机制研究——以泛长三角地区农业龙头企业为例.南开管理评论，13（5）: 123-130.

戴露颖. 2009. 农业科技企业竞争力的影响因素及提升途径研究. 长春:吉林大学硕士学位论文.

傅小华，黎志成.2004.面向网络环境的企业营销绩效评价指标体系研究.武汉理工大学学报：信息与管理工程版，26（2）：130-134.

冯振环，罗永泰. 2004.隐性营销绩效评价指标体系与方法研究. 生产力研究（3）: 163-164.

黄嘉涛，胡劲. 2005.品牌内涵的深层次思考.商业研究（4）：163-165.

黄静. 2008.品牌营销.北京：北京大学出版社.

黄胜兵. 2002.品牌个性维度的本土化研究.广州：中山大学.

何佳讯. 2002.品牌关系的本土化研究. 广州：中山大学.

焦璇，吕建红，陈毅文. 2004.确定品牌形象因素权重的方法学研究.人类工效学，

10（4）：31-33.

姜俊.2009.我国农业企业的社会责任、创新与财务绩效的互动影响.自然辩证法研究（11）：96-101.

冷波. 2009.杨凌农业科技企业集群创新能力评价.西安：西北农林科技大学.

龙成志. 2009. 消费者品牌形象的绩效路径研究. 广州：华南理工大学.

罗子明. 2001. 品牌形象的构成及其测量. 北京工商大学学报:社会科学版,16(4):19-22.

刘璞. 2007.电子商务应用对企业营销绩效影响的实证研究.石家庄：河北工业大学.

刘满凤，黎志成. 2001.网络营销绩效评价指标体系研究.科技进步与对策，18（8）：19-20.

刘伟. 2007.中国农业上市公司绩效评价及成长机理研究.长春：吉林大学.

刘秀琴，马笛，罗军. 2010.农业企业的缘起与效率：基于乡村社会资本属性特征.华南农业大学学报：社会科学版，9（4）：72-79.

刘磊磊. 2008.基于竞合互动视角的企业动态能力形成及作用机制研究.杭州：浙江大学.

刘宇.2009.企业家导向、市场导向、产品创新与企业绩效的关系研究. 长春：吉林大学.

林萍.2008.组织动态能力研究——Teece 等的动态能力框架的一个扩展.厦门：厦门大学.

李文福. 2010.新疆果品品牌营销策略研究.乌鲁木齐：新疆大学.

李大兵，景再方，司伟. 2006.现代农业企业管理.太原：山西经济出版社.

李大兵，孟凡博. 2006.农业企业绩效管理的逻辑框架.农业经济（3）：74-75.

李宁. 2008.涉农企业全面绩效评价体系及多维动态博弈研究.长春：吉林大学.

马庆国，徐青，廖振鹏，等. 2006.知识转移的影响因素分析. 北京理工大学学报：社会科学版，8（1）：40-43.

米运生，姜百臣，牟小容. 2008.经营模式、组织形式、资本结构的交互影响与农业企业成长：基于温氏集团的实证研究.中国工业经济（8）：132-142.

邱春娜. 2007.品牌延伸契合度、延伸评价与品牌形象的关系研究.杭州：浙江大学.

施俊. 2010.LAVIDA 汽车品牌营销策略研究.上海：复旦大学.

王远洲. 2009.现代农业科技企业管理复杂性研究.西安：西北农林科技大学.

王连森. 2004.基于符号学的“整体品牌”概念. 北京工商大学学报，19（5）：72-76.

王海忠，于春玲，赵平. 2006.品牌资产的消费者模式与产品市场产出模式的关系.管理世界（1）：106-119.

汪凤桂，潘鹏，向阳. 2009.投资机会与农业龙头企业社会责任的生成.华南农业大学学报：社会科学版，8（1）：71-76.

卫武. 2009.企业非市场与市场行为及其竞争特点对企业绩效的影响研究.南开管理评论，12（2）：37-51.

吴树桐.2009.基于动态能力的企业集团资源整合研究. 天津：天津财经大学.

许运娜.2003.论战略联盟中的知识转移——基于动态能力的观点. 北京：对外经济贸易大学.

许月恒,朱振中. 2008.基于BP 神经网络的营销绩效评价研究. 山东理工大学学报：自然科学版，22（2）：100-103.

肖更生，姚琼，李崇光. 2010.技术创新的风险识别：农业科技企业的实证研究.农业技术经济（10）：89-97.

项保华，马文良. 2009.企业战略能力 DELTA 模型. 企业管理（6）：92-94.

徐彬，揭筱纹. 2010. 多元共生：农业科技企业技术创新的战略导向.软科学，24（7）：116-120.

徐辉，林勋亮. 2011.企业战略能力系统分析及其测度的模糊计算.社会科学家（1）：63-67.

许晓勇，吕建红，陈毅文. 2003.品牌形象的消费行为学研究.心理科学进展，11（4）：464-468.

薛长江. 2007. 农业科技企业技术创新研究. 郑州:河南农业大学硕士论文.

杨智. 2005.市场导向与营销绩效关系研究.北京：中国财政经济出版社.

杨斌，赵长轶，揭筱纹. 2007.战略能力多维度解构研究. 科学学与科学技术管理，28（7）：152-156.

姚作为. 2005.基于品牌关系的服务消费者决策行为研究. 广州：暨南大学.

姚作为，刘人怀. 2010.基于品牌关系的服务消费决策行为研究：理论模型与实证检验.管理评论，22（9）：59-74.

于春玲，赵平. 2005.品牌权益理论及其实证研究评述.财经问题研究（7）：14-18.

于春玲，赵平. 2003.品牌资产及其测评中的概念解析.南开管理评论，6（1）：10-13.

余明阳，杨芳平. 2005.品牌学教程.上海：复旦大学出版社.

余庆来，肖扬书. 2011.农业企业自主技术创新能力评价体系的构建与评价方法探索.科技管理研究，31（13）：52-55.

周斌，李艳军，孙丽，等. 2009.企业社会资本对技术创新绩效的影响——农业企业的实证研究.科技管理研究（5）：136-139.

周志民. 2007.品牌关系研究述评. 外国经济与管理，29（4）：46-54.

周志民,卢泰宏．2004.广义品牌关系结构研究．中国工业经济（11）：98-105.

周志民. 2005. 品牌关系评估的研究范畴、视角探讨与展望. 外国经济与管理，27（1）：34-40.

周志民. 2003.品牌关系指数模型研究.广州：中山大学.

张文松. 2004.企业战略能力研究概念框架.技术经济（3）：16-17.

张文松. 2005.战略和能力的耦合——企业战略能力研究.中国软科学（7）：122-127.

张婧，段艳玲. 2010.我国制造型企业市场导向和创新导向对新产品绩效影响的实证研究.南开管理评论，13（1）：81-89.

张婧，段艳玲. 2011.市场导向对创新类型和产品创新绩效的影响.科研管理，32（5）：68-77.

张利庠. 2007.创新平台：农业企业自主创新现状及策略研究——来自中国农业企业技术创新"千百十"调研工程的思考.中国软科学（4）：127-133.

张素平. 2010.杨凌农业科技企业创业环境评价研究.西安：西北农林科技大学.

邹统钎. 1994.论企业品牌市场定位. 经营与管理（1）：27-29.

赵维. 2010.H 公司品牌营销策略研究.上海：华东理工大学.